Début d'une série de documents
en couleur

Couverture inférieure manquante

E. BERNSTEIN

Ferdinand Lassalle

Le Réformateur social

Traduit par Victor DAVE

PARIS
LIBRAIRIE MARCEL RIVIÈRE & Cⁱᵉ

Fin d'une série de documents
en couleur

FERDINAND LASSALLE

COLLECTION

" SYSTÈMES ET FAITS SOCIAUX "

La Philosophie sociale de Renouvier, par Roger Picard, 1 vol. in-8° de 344 pages, br.   **7 fr. 50**

La Richesse de la France. Fortune et revenus privés, par H. de Lavergne et Paul Henry, 1 vol. in-8° de 216 pages, br. . . . . **6 francs**

Race et Milieu social. Essais d'Anthroposociologie, par Vacher de Lapouge, 1910, 1 vol. in-8° de 393 pages, br. . . . . **8 francs**

La Protection de la Maternité, par J. Mornet, 1910, 1 vol. in-8°, br. . . . . **6 francs**

Le Programme socialiste, par Kautsky. Traduction Rémy, 1910, 1 vol. in-8°, br. . . . . **6 francs**

Le Chômage : causes, conséquences, remèdes, par H. de Lavergne et P. Henry, 1910, 1 vol. in-8°, br. . . . . **8 francs**

Les Cahiers de 1789 et les classes ouvrières, par Roger Picard, 1 vol. in-8°, 1910. . . . . **6 francs**

Le Travail à domicile : ses misères, ses remèdes, par G. Mény, 1 vol. in-8°, 1910. . . . . . . **8 francs**

La fin de l'Esclavage dans l'antiquité, par Ciccotti, traduit par G. Platon, 1910, 1 vol. in-8°, br. . . . . **10 francs**

Introduction à la Sociologie, par G. de Greef, professeur à l'Université nouvelle de Bruxelles, 2e édit., 1911, 2 vol. in-8°. . . . . **12 francs**

Le Protectionnisme ouvrier. L'exclusion du Travail étranger, par Prato, traduit par G. Bourgin, 1 vol. in-8°, 1912. . . . . **5 francs**

La Question agraire et le Socialisme en France, par Compère Morel, 1 vol. in-8°. . . **8 francs**

Edouard BERNSTEIN

DÉPUTÉ AU PARLEMENT ALLEMAND

FERDINAND LASSALLE

LE RÉFORMATEUR SOCIAL

TRADUIT DE L'ALLEMAND

PAR

Victor DAVE

PARIS

LIBRAIRIE DES SCIENCES POLITIQUES ET SOCIALES

Marcel RIVIÈRE & Cie

31, Rue Jacob et 1, Rue Saint-Benoît

—

1913

FERDINAND LASSALLE

I

La situation politique de l'Allemagne au début de l'agitation lassallienne

Depuis qu'il existe des classes dirigeantes et des classes dirigées, des classes exploitantes et des classes exploitées, celles-ci se sont insurgées contre celles-là ; il s'est trouvé des hommes d'État et des philosophes, des ambitieux et des visionnaires pour proposer des réformes sociales ayant pour but de mitiger ou même de supprimer ce système d'exploitation. Si l'on étend à ces tentatives variées la notion de socialisme, le socialisme est aussi ancien que la civilisation elle-même. Mais si l'on exige un caractère plus précis, si l'on demande plus que la simple aspiration vers un état social où règneraient l'harmonie et le bien-être général, le socialisme du temps présent n'aura de commun avec celui d'une époque antérieure quelconque, que d'être, comme lui, le reflet de la nature particulière des luttes de classe de son temps. Partout la structure de la société au sein de laquelle il s'est développé imprime son cachet au socialisme de l'époque.

Le socialisme moderne est le produit de la lutte des classes dans la société bourgeoise. Il a ses racines dans l'antagonisme qui oppose le prolétariat à la bourgeoisie, antagonisme qui apparaît relativement tôt dans l'histoire et se traduit de bonne heure par des combats réels sans que d'ailleurs les combattants eux-mêmes en saisissent dès le début toute l'importance. Dans son assaut contre les classes privilégiées de la société féodale, comme dans les luttes qu'elle soutint contre l'Etat absolutiste et policier, la bourgeoisie se trouva entraînée à se considérer comme le représentant et le champion des intérêts de tous les non-privilégiés. C'est toujours au nom du peuple tout entier qu'elle demande la suppression d'obstacles qui l'incommodent et la création d'institutions nécessaires au développement et à l'épanouissement de ses propres forces. Pendant longtemps elle agit ainsi de bonne foi, car l'idée qu'elle rattache elle-même à ces exigences, lui apparaît seule comme raisonnable et conforme au bon sens. Mais dans la mesure où il a déjà rompu avec les préjugés bourgeois sur les corporations, le prolétariat prend pour argent comptant les promesses de ses interprètes aussi longtemps que ceux-ci s'attaquent exclusivement aux représentants des institutions des classes privilégiées.

Mais dès que la bourgeoisie est parvenue à les vaincre ou du moins à les faire suffisamment reculer pour pouvoir songer elle-même à la réalisation de ses propres aspirations, il apparaît alors que les plébéiens qui la suivent se font une tout autre idée « du règne de Dieu sur la terre » que leurs anciens amis et protecteurs, et l'on en vient tout naturellement à des conflits d'autant plus violents que les illusions avaient été plus grandes auparavant. Cependant le prolétariat n'est pas encore assez fort pour maintenir son opposition et persévérer dans sa résistance. Sans le moindre scrupule, on emploie la force pour le réduire au silence. Il disparaît alors, de nouveau, et pour longtemps, de la scène.

Il en fut ainsi dans tous les soulèvements tentés par la bourgeoisie au seizième, au dix-septième, au dix-huitième siècles, et même dans les premières années du dix-neuvième. On sait quel rapide développement prit au cours du siècle dernier la révolution des conditions de production, et combien la conduite du prolétariat vis à vis de la bourgeoisie s'en trouva modifiée. L'opposition des intérêts et des aspirations de ces deux classes éclata au grand jour sans que les circonstances fussent nécessairement exceptionnelles, et chez les nations les plus avancées, elle se manifesta même à défaut de ces circonstances. Les travailleurs commencèrent à organiser la résistance contre la classe des capitalistes. On se plaça au point de vue prolétarien pour faire la critique de l'organisation de la société bourgeoise. Une littérature socialiste, anti-bourgeoise, prit naissance. Des froissements relativement insignifiants au sein de la bourgeoisie, une simple divergence de vues entre ses diverses fractions suffirent pour unir en une action commune, en un parti indépendant ayant ses revendications propres, les éléments les plus décidés du prolétariat. En Angleterre, le mouvement réformiste de la bourgeoisie libérale donna le signal de l'agitation chartiste. En France, la révolution de Juillet fut le point de départ d'une propagande socialiste, révolutionnaire et prolétarienne qui, pour l'extension et l'enthousiasme, le cède à peine au mouvement chartiste.

Vers 1840, le mouvement fait sentir son influence en Allemagne ; la littérature et la propagande y pénètrent. Des écrivains, des hommes politiques réfugiés à l'étranger comme exilés ou pour échapper momentanément à l'atmosphère policière de leur patrie, deviennent les prosélytes du socialisme et cherchent à l'implanter en Allemagne. Des ouvriers allemands qui, au cours de leurs voyages, ont travaillé à Paris ou à Londres, à Bruxelles ou en Suisse, rapportent la doctrine socialiste dans leur patrie. Ils la colportent dans les auberges. On fonde des sociétés secrètes dont le but est de propager partout le socialisme révolutionnaire. Bref, à la veille de 1848, la *Ligue communiste* fait son apparition avec un programme qui caractérise avec une profondeur et une décision révolutionnaires qui n'ont pas été dépassées, l'antagonisme entre la bourgeoisie et le prolétariat. Mais il déclare aussi qu'en Allemagne les conditions particulières imposent encore au prolétariat la nécessité de lutter de concert avec la bourgeoisie contre la monarchie absolue, la propriété féodale et la petite bourgeoisie.

En France, la révolution de Février, en Allemagne la révolution de Mars trouvèrent, la première, les centres du pays complètement minés par les idées nouvelles, la seconde, un nombre relativement considérable d'ouvriers socialistes ou ayant des tendances socialistes. Chez ces deux peuples, les travailleurs constituaient déjà, en proportions inégales il est vrai, l'élément révolutionnaire le plus actif. Néanmoins, malgré la supériorité politique et économique de la France, les conditions n'y étaient pas beaucoup plus favorables qu'en Allemagne, à la réalisation du socialisme. Dans les campagnes régnait la petite propriété paysanne. Dans les villes et dans les districts manufacturiers la grande industrie avait déjà pris une certaine extension, mais ne dominait pas encore exclusivement. A côté d'elle, et surtout à Paris, marché principal des articles de luxe, le métier, petit ou moyen, et ce qu'on appelle le métier d'art, jouait encore un rôle relativement important, bien que, tombé presque entièrement au service des grands industriels, il eût cessé de revêtir le caractère corporatif. Aussi le socialisme français, même libéré de l'utopisme proprement dit, conserve-t-il, sauf de rares exceptions, un caractère fortement petit bourgeois. La révolution de Février et l'effroyable leçon des journées de Juin n'y firent rien. Ces expériences portèrent le dernier coup au socialisme utopique, que le Proudhonisme vint bientôt remplacer.

Les conditions économiques étaient relativement peu mûres. C'est ce qui explique ce phénomène autrement inexplicable : tandis que la France regorgeait de socialistes, que plus de deux cents membres de la Chambre des Députés s'intitulaient « démocrates-socialistes », il était possible à la réaction bonapartiste de repaître bon nombre de travailleurs de phrases creuses et vides de sens.

En Allemagne, moins de maturité encore. Non seulement la grande masse des ouvriers était toujours profondément imbue des conceptions économiques de la petite bourgeoisie, mais elle demeurait encore en partie attachée au régime des corporations. Dans les différents congrès d'artisans que vit naître l'année 1848, on discuta les propositions les plus réactionnaires. Parmi les travailleurs allemands seule une minorité relativement faible avait compris la mission révolutionnaire dévolue à la classe ouvrière. Elle combattait partout aux premiers rangs des partis populaires, cherchant toujours autant que possible à entraîner à sa suite la démocratie bourgeoise. Mais c'était sur elle-même et presque sur elle seule qu'on se payait des frais de la guerre. Les communistes de 1848 tombèrent sur les barricades, jonchèrent de leurs cadavres les champs de bataille du duché de Bade, ou durent devant la réaction partout victorieuse se réfugier dans l'exil où une grande partie d'entre eux périt de misère. Les jeunes associations ouvrières que le printemps de 1848 avait vu naître

furent indistinctement dissoutes ou persécutées à mort
par les gouvernements. Ce qui restait encore de socialistes dans le pays se retira de la vie publique, attendant
des temps meilleurs, ou bien s'embourgeoisa et se rallia
à la fraction du libéralisme bourgeois qui lui était
adéquate. C'est ce dernier parti qu'embrassèrent
plusieurs porte-paroles du « vrai » socialisme, mi-bel-
esprit, mi-sans-culotte, qui avaient apparu antérieurement avec tant d'éclat sur la scène politique. Mais les
ouvriers eux-mêmes, plus ou moins intimidés, renon-
cèrent à l'idée de s'organiser en parti de classe et de
poursuivre des fins indépendantes. Ils finirent par
tomber sous la tutelle des partis bourgeois radicaux ou
sous la protection de philantropes bien pensants.

Une évolution se poursuit, qui correspond sur tous
les points essentiels à la marche suivie par l'Angleterre
et par la France dans les mêmes circonstances. En
Angleterre, l'échec subi en 1848 par la nouvelle
agitation chartiste avait eu pour effet de faire passer au
premier plan le socialisme chrétien des Maurice, des
Kingsley, des Ludlow. Il poussa une partie des travailleurs à chercher leur libération dans des associations
fondées sur le « self-help », et non seulement leur
libération économique, mais encore leur libération
« morale », libération de l' « égoïsme », de la « haine de
classe ». Ces « socialistes chrétiens » ne poursuivaient
pas des fins ambitieuses personnelles, ils ne favorisaient
pas un parti bourgeois déterminé, mais, dans les limites
de leur influence, leur propagande avait pour effet de
rendre les travailleurs indifférents aux intérêts généraux
de leur classe, de les émasculer politiquement. Réussis-
sait-on à bannir l'égoïsme de classe, un répugnant
égoïsme corporatif et un non moins répugnant phari-
saïsme, des prétentions à « la culture » venaient le
remplacer le plus souvent ; de son côté, le mouvement

trade-unioniste ou syndical s'épuisait à satisfaire les
intérêts les plus immédiats. Ce qui restait d'Owenites se
consacra en majeure partie à la propagande en faveur
de la libre-pensée.

En France, c'était la défaite de l'insurrection de juin
qui avait mis la classe ouvrière à l'arrière-plan de la
scène révolutionnaire. Mais d'abord à l'arrière-plan
seulement, car cette saignée gigantesque n'avait pas
réussi à tuer l'esprit politique si vivace du prolétariat
parisien. Cependant sa force était brisée, il ne pouvait
plus même obtenir un succès temporaire. « Il cherche à
se reporter en avant chaque fois que le mouvement
semble reprendre un nouvel élan... Dès qu'une des
couches sociales qui lui sont supérieures entre en
fermentation révolutionnaire, le prolétariat conclut une
alliance avec elle. Il partage ainsi toutes les défaites que
les divers partis bourgeois subissent à tour de rôle. Mais
ces coups supplémentaires s'affaiblissent d'autant plus
qu'ils se répartissent davantage sur toute la surface de
la société. Les plus considérables des chefs du prolétariat à l'Assemblée et dans la presse deviennent successivement les victimes des tribunaux et des figures de
plus en plus douteuses se placent à sa tête. Il se jette en
partie dans des expériences doctrinaires, banques
d'échange et associations ouvrières ; il entre dans un
mouvement où il renonce à bouleverser le vieux monde
à l'aide des puissants moyens généraux qui lui sont
propres ; il préfère essayer d'effectuer son affranchis-
sement à l'insu de la société, à l'aide d'entreprises
privées, dans les limites restreintes de ses conditions
d'existence. Aussi échoue-t-il nécessairement (1). »

(1) La lutte des classes en France. *Le XVIII Brumaire de Louis
Bonaparte*, par Karl Marx. Trad. française de L. Remy, Schleicher
frères, éditeurs, p. 203, 204.

En Allemagne enfin, il ne pouvait être question d'une défaite ouvrière proprement dite : les travailleurs n'avaient pas encore cherché à exercer une action réellement sérieuse en tant que classe sociale distincte ; mais ils essayèrent longtemps encore, quoiqu'en vain, de se ménager une activité indépendante. Pendant que les philanthropes bourgeois, dans des associations créées « pour le bien de la classe laborieuse », s'occupaient de la question des logements ouvriers, de caisses de secours en cas de maladie et d'autres misères semblables, un petit bourgeois démocrate, député au Parlement prussien, M. Schulze de Delitzsch, s'employait à résoudre la question sociale en fondant des sociétés coopératives basées sur le principe du « self-help », entreprise louable dans laquelle l'infériorité économique de l'Allemagne le servait à souhait.

Au début, M. Schulze ne destinait pas ses associations aux seuls ouvriers ; elles visaient également les petits patrons. Elles devaient, à l'aide de sociétés de crédit et d'achat de matières premières, leur permettre d'entrer en concurrence avec la grande industrie. Celle-ci était encore peu développée en Allemagne. De plus, un grand nombre de petits industriels ne s'étaient pas adaptés à la grande exploitation comme leurs collègues de France et d'Angleterre, mais cherchaient au contraire un moyen de se protéger contre elle. Cette idée de Schulze devait donc tomber sur un terrain favorable. Tant que la grande industrie ne se serait pas emparée de leurs branches de production particulière, les associations projetées prêteraient en effet une aide efficace aux petits patrons. Aussi, ce fut comme une joyeuse floraison de sociétés de crédit et de matières premières qui s'épanouit de toutes parts. A côté d'elles s'élevèrent les sociétés de consommation, et à l'arrière-plan — couronnant tout l'édifice — on voyait poindre déjà les associations de

production destinées à réaliser la libération définitive
du travail du joug du capital.

Nous avons vu que les socialistes chrétiens d'Angleterre ne poursuivaient pas un but politique direct. Il en
était de même de la propagande de M. Schulze en
faveur de ses associations basées sur le « self-help ».
Comme eux, il pratiquait simplement une espèce de
philanthropie compatible avec ses instincts de classe. A
l'époque où il inaugura ce mouvement, le parti auquel
il appartenait — la gauche de l'Assemblée nationale de
Prusse — avait quitté la scène politique. Elle s'était
d'abord laissé mystifier suivant toutes les règles de l'art
par la couronne et les fidèles hobereaux, puis quand le
gouvernement prussien octroya le régime électoral des
trois classes, elle adopta le meilleur parti qu'elle put
prendre : elle ferma les poings et laissa à la réaction le
soin de se désorganiser elle-même.

Petit bourgeois de la tête aux pieds, mais petit bourgeois imbu d'idées libérales, d'ailleurs bienveillant de sa
nature, Schulze de Delitzsch, poursuivi et frappé par la
réaction, s'était emparé d'une idée qui était alors partout
dans l'air. « Association », tel avait été le cri de guerre
des socialistes de 1830 à 1840 ; « association » s'écriaient
maintenant les philanthropes bourgeois ; « association »
enseignait l'écrivain conservateur V. A. Huber ; pourquoi M. Schulze, juge de district libéral, n'aurait-il pas
plaidé, lui aussi, la cause de « l'association » ? (1)

Nous reviendrons ailleurs sur la question de l'association. Nous nous bornerons ici à citer, en les emprun-

(1) Des études historiques sur le mouvement ouvrier allemand, entreprises après l'achèvement de ce livre, me portent à croire fermement
que c'étaient des associations fondées par la Fraternisation des ouvriers
allemands de 1848-1849, chez lesquelles Schulze-Delitzsch commença à
exercer la fonction de syndic de la coopération.

tant à un ouvrage qu'il publia en 1858, quelques passages de Schulze qui nous apprennent quels effets sur la situation des travailleurs il espérait des coopératives.

« La concurrence que font aux patrons les entreprises coopératives de leurs anciens camarades de travail ne peut présenter que de grands avantages pour les ouvriers qui demeurent encore soumis au régime du salariat. L'augmentation de la demande ainsi provoquée du côté des patrons ne doit-elle pas tourner au profit des travailleurs en influant sur les conditions du salaire ? Les possesseurs des grands établissements ne sont-ils pas ainsi contraints d'offrir à leurs ouvriers des conditions relativement bonnes ? En effet, s'ils s'y refusaient, ils risqueraient de les voir entrer dans une des associations déjà existantes, ou même de leur en voir fonder de nouvelles. Les travailleurs les plus habiles et les plus actifs ne seraient-ils pas précisément les plus propres à tenter l'entreprise ? Incontestablement, il n'existe qu'un moyen d'exercer une influence durable sur le taux des salaires et d'améliorer la situation générale des travailleurs : *il faut que les ouvriers eux-mêmes entrent en concurrence avec leurs employeurs.* Jamais les contraintes légales, les appels à l'humanité ne parviendront à atteindre ce but.

« Dès qu'un certain nombre d'associations ouvrières est ainsi fondé, dès que le monopole actuel des grands entrepreneurs se trouve ainsi ébréché, il est fatal que les profits énormes qu'ils étaient autrefois seuls à réaliser diminuent dans une notable mesure : ils doivent maintenant abandonner aux ouvriers la part qui leur est due. Ainsi donc, tandis que, d'une part, la richesse prendra des proportions un peu plus modestes, la misère disparaîtra de plus en plus et les conditions sociales tendront peu à peu à se niveler. Une limite est imposée à la ploutocratie comme au paupérisme, fruits

détestables de notre régime industriel, et où nous
voyons deux puissances également hostiles à toute vraie
culture...

« Mais revenons-en toujours à ceci : tant que les travailleurs n'oseront pas se risquer avec leurs propres
forces, de leur propre mouvement, à de semblables
entreprises, tant qu'ils n'auront pas pratiquement
démontré qu'en tous cas, même seuls et sans la coopération des autres classes, ils peuvent les mener à bien,
on se gardera de venir à leur aide ; on est en effet
trop intéressé à les maintenir dans leur ancienne dépendance. Ce n'est que quand ils en auront fait la preuve,
quand la concurrence s'en sera ressentie d'une façon
appréciable, quand ils se seront posés en entrepreneurs
en face des entrepreneurs qu'ils pourront espérer voir
prendre leurs désirs en considération, compter sur les
sympathies du public et sur l'assistance des capitalistes.
Alors seulement on commencera à les considérer comme
des gens avec qui il faut compter ; jusqu'à ce moment,
on les tenait pour de simples zéros qui n'entraient
jamais personnellement en ligne de compte. Dans le
domaine industriel, l'intérêt individuel règne en maître.
Les prétentions, les aspirations, si justifiées, si modestes
qu'elles soient, n'ont de valeur que si elles ont acquis
assez de force pour revêtir des formes incontestablement
réelles et viables (1)... »

Cependant dans l'été de 1862, au congrès d'économie
politique, M. Schulze dut avouer qu'il n'existait encore
aucune association de production et que les sociétés de
consommation elles-mêmes n'étaient encore qu'en
nombre assez restreint. Seules les sociétés de crédit et
de prêt, composées de fabricants et de petits com-

(1) Cf. Schulze-Delitzsch, Die arbeitenden Klassen und das Assozia-
tionswesen in Deutschland, Leipzig, 1858, p. 58, 61 et 63.

merçants, avaient prospéré. A côté d'elles, mais en quantité moindre, se rencontraient les sociétés pour l'achat des matières premières.

Nous nous sommes laissés entraîner un peu trop loin en retraçant la marche des événements depuis 1848 jusqu'au début de l'agitation de Lassalle. Reprenons le cours naturel de notre exposition.

La guerre de Crimée avait déjà porté un coup sensible à la réaction européenne. Elle avait fortement ébranlé la « solidarité des gouvernements », une de ses conditions d'existence. La rivalité de l'Autriche et de la Prusse se manifesta de nouveau par la différence des attitudes des cabinets de Vienne et de Berlin envers la Russie. D'autre part, la mort de Nicolas I⁽ᵉʳ⁾ et la situation où se trouvait l'empire des czars à la fin de la guerre privaient les partis réactionnaires européens de leur appui le plus puissant.

Pour le moment, la Russie était obligée de se consacrer entièrement aux complications intérieures et pendant des années il lui fut impossible, pour l'amour des « principes », de s'intéresser à la cause de l'ordre dans un autre pays. Son influence sur la politique intérieure des Etats voisins devint absolument insignifiante. La rivalité de la Prusse et de l'Autriche se bornait à de mesquines intrigues de cabinet ; mais, à l'égard de leurs nationaux, les deux gouvernements demeuraient momentanément encore « solidaires ».

La crise universelle de l'industrie qui sévit à partir de 1857 et de 1858 porta le second coup à la réaction. En 1850, la prospérité générale avait raffermi les trônes chancelants, la crise de 1857, qui dépassa en intensité toutes les précédentes, ébranla de nouveau les trônes à peine consolidés. Les couches de la nation frappées par la crise, entrent partout en fermentation ; partout l'opposition puise une nouvelle vigueur dans ce mécontentement des masses, partout les « éléments de désordre » relèvent la tête.

En France, la situation était la plus menaçante : le trône y était moins solide que partout ailleurs. Une fois encore, Napoléon III recourut aux mesures draconiennes, dont l'attentat d'Orsini lui fournit le prétexte. Mais ayant remarqué qu'il aggravait ainsi sa position plutôt qu'il ne l'améliorait, il se résolut à employer un autre moyen : il tenta, par une guerre populaire, de consolider le régime impérial à l'intérieur et de protéger sa vie contre les poignards des carbonari. Ceux-ci avaient fait comprendre par Orsini au membre éphémère de leur conjuration que s'il ne tenait pas la parole donnée, de nouveaux vengeurs ne cesseraient de se lever contre lui. On entreprit donc la campagne d'Italie. A peu près à la même époque, l'ère nouvelle commence en Prusse avec la régence de Guillaume Iᵉʳ. Poussé par le désir que pour l'instant il tenait encore secret de battre en brèche l'hégémonie autrichienne en Allemagne, Guillaume Iᵉʳ, alors prince-régent, chercha à se concilier la bourgeoisie libérale et nomma un ministère pris dans ses rangs. Au début, tout alla à souhait. Touché qu'on lui fournît ainsi spontanément l'occasion de participer aux affaires, le libéralisme bourgeois se répandit en protestations de loyalisme de toute espèce. On fonda « l'Association nationale », on lui donna pour programme l'unité de l'Allemagne avec l'hégémonie de la Prusse. A la Prusse échut le rôle fort honorable de réaliser les aspirations politiques et nationales de la bourgeoisie libérale. Un renouveau sembla sur le point d'éclore, bien supérieur en beauté à celui de 1848 : il promettait cette fois des roses sans épines. Dans un soulèvement, dans une révolution, on ne sait jamais où l'on s'arrêtera, on ignore quels éléments se déchaîneront dans son cours.

Mais maintenant, inutile de recourir à la masse toujours incertaine. Tout, semblait-il, se dénouerait fort parlementairement. Mais, contre toute attente, dût-on en venir à cette extrémité, l'exemple des sociétés d'épargne et de consommation de Schulze-Delitzsch, de ses sociétés de prêt et de matières premières n'avait-il pas guéri les travailleurs de leurs utopies socialistes, ne leur avait-il pas montré quelles grandes choses ils pouvaient attendre du « self-help », ne les avait-il pas convaincus que seules les « libertés » du libéralisme et uniquement ces « libertés » leur étaient nécessaires ?

Si aujourd'hui, après trente ans (1), on se prend à relire les œuvres du libéralisme allemand de cette époque, rien ne frappe davantage que la colossale naïveté dont il fait preuve dans toutes les questions dépassant l'étroit horizon d'un épicier éclairé. Les libéraux ne manquaient ni d'instruction ni même d'érudition. Ils devisaient savamment sur la constitution d'Athènes et sur le parlementarisme anglais. Mais de toute leur science, ils ne tiraient que cette application : l'épicier éclairé, le maître serrurier était l'homme normal. Tout ce qui ne leur convenait pas ne valait pas la peine d'exister. C'est grâce à cette naïveté et à cette suffisance qu'on en vint, à la Chambre des députés de Prusse, au conflit constitutionnel avant d'avoir suffisamment affermi ses positions, et c'est grâce aussi à cette naïveté qu'on s'aliéna la classe ouvrière bien avant qu'un antagonisme sérieux dans les intérêts en eût fourni l'occasion. Les libéraux savaient l'histoire à fond, mais ils n'avaient aucunement profité de ses leçons. Le conflit constitutionnel commença alors en Prusse. En 1860, le gouvernement proposa de réorganiser le système militaire, d'accord en cela avec « sa

(1) Ceci a été écrit en 1890.

politique générale allemande ». Les soi-disant sages du
Landtag, toutefois, au lieu de voter tout simplement les
crédits demandés à cet effet, ou de les refuser, eurent
recours à l'expédient bien connu consistant à les accorder
« provisoirement » pour une année. Le gouvernement
commença le travail de réorganisation et le poursuivait
encore, lorsque la majorité du Landtag, mécontente de
certains actes et de certaines déclarations par trop
arbitraires du roi, refusa de voter de nouveaux crédits.

Le libéralisme se vit subitement, sans savoir comment, de la manière la plus violente, aux prises avec le
gouvernement auquel il avait réservé le beau rôle de
restaurateur de l'Empire et auquel il avait promis l'hégémonie en Allemagne. Provisoirement, le mal n'était pas
grand ; on n'en était encore qu'aux disputes.

Cependant le parti libéral était devenu suffisamment
fort pour pouvoir supporter la lutte pendant quelque
temps. L'entêtement borné de son adversaire lui avait
rallié presque tout le peuple. Le courant national entraî-
nait presque toutes les classes de la société. Si l'on en
excepte la petite bande des hobereaux et des cléricaux
de l'Elbe orientale, toutes les classes confièrent au parti
progressiste, constitué entre temps, la tâche de soutenir
la lutte contre le gouvernement prussien. Ce parti a
commis bien des fautes ; les éléments dont il était
composé étaient très mêlés, très hétérogènes ; son programme aussi était fort insuffisant. Et pourtant en ce
moment où la coalition du landlordisme et de l'absolutisme policier relevait la tête, il représentait une cause
dont la victoire intéressait tous les éléments non féodaux
de la société.

Mais reconnaître momentanément à un parti une
tâche politique déterminée n'a jamais signifié se donner
à lui corps et âme et renoncer, vis-à-vis de lui, à toute
indépendance. C'est ce que comprirent les éléments les

plus avancés parmi les ouvriers allemands. Le rôle de statistes que prétendaient leur imposer les chefs libéraux, la maigre pâture que leur offraient les sociétés d'études patronnées par ceux-ci, ne pouvaient leur suffire à la longue. D'autre part, les anciennes traditions communistes et révolutionnaires n'avaient pas complètement disparu. Plus d'un ouvrier avait lui-même été membre des anciennes sections communistes ou avait été instruit par quelqu'un de leurs adeptes et pourvu par lui d'écrits révolutionnaires. A leur instigation, on commença à discuter dans les cercles ouvriers, devenus de plus en plus nombreux, et à se demander s'il n'était pas temps enfin de fonder un parti véritablement ouvrier, ayant un programme propre, ou tout au moins de créer une union, une ligue ouvrière qui serait plus et mieux que la simple créature du parti libéral.

Si les progressistes et les unionistes-nationaux avaient puisé quelque enseignement dans l'histoire des autres pays, ils auraient aisément empêché ce mouvement de leur être hostile, aussi longtemps qu'aurait duré leur lutte contre le gouvernement prussien. Mais ils étaient beaucoup trop pénétrés de cette conviction que, comme ils défendaient la cause du peuple, le peuple, spécialement en tant que « peuple de penseurs », était de beaucoup supérieur à l'étranger, dont les vues étaient étroites et qui en était encore à la lutte des classes. Ils ne voyaient pas qu'ils se trouvaient en présence d'un courant qui devait fatalement se produire et que le parti le plus raisonnable à prendre était d'entrer en composition avec lui. Ils étaient si pénétrés de leur importance qu'ils ne pouvaient concevoir que l'honneur d'être représentés par les libéraux ne comblât pas les désirs des travailleurs. Quand on demanda d'adoucir pour les ouvriers les conditions d'admission à « l'Association nationale », on leur répondit que « les travailleurs devaient se considérer comme les membres d'honneur nés de l'Association ». C'était évidemment leur dire qu'ils n'avaient qu'à demeurer en dehors de l'Association ; c'était caractéristique et marquait bien l'incapacité où se trouvaient Schulze et consorts de rien concevoir en dehors du type bourgeois, du type épicier — leur propre image du reste, leur dieu.

C'est ainsi qu'on en arriva dans les réunions ouvrières de Leipzig à ces discussions dont le résultat dernier fut l'envoi de trois délégués à Berlin, avec mission de nouer des négociations avec Ferdinand Lassalle.

II

La Jeunesse de Lassalle. — Le Procès Hatzfeld 1848. Franz von Sickingen

Lorsque le comité de Leipzig s'adressa à Lassalle, celui-ci était dans sa trente-septième année, en pleine force, en plein développement physique et intellectuel. Il avait déjà mené une vie mouvementée ; il s'était acquis un renom d'homme politique et d'homme de science, il est vrai dans certains cercles seulement ; il entretenait des relations avec les représentants les plus autorisés de la littérature et de la science ; il disposait d'une fortune considérable et d'amis influents. Bref, d'après les opinions généralement reçues, le comité, représentant un mouvement encore embryonnaire et composé de personnalités jusqu'alors complètement inconnues, ne pouvait lui offrir rien qu'il ne possédât déjà. Lassalle n'en répondit pas moins avec le plus grand empressement à ses désirs et entreprit de donner au mouvement la direction la plus conforme à ses propres idées et aux projets qu'il avait en vue. Indépendamment de toute autre considération, une circonstance surtout l'y poussait : le mouvement n'ayant pas encore revêtu une forme déterminée, une masse s'offrait à lui qu'il pouvait modeler sans difficulté. Lui donner le premier une forme, en faire une armée au sens où il l'entendait était une entreprise qui non seulement cadrait avec ses projets ambitieux, mais qui répondait entièrement aussi à ses inclinations naturelles. L'invitation du comité ne le touchait pas seulement dans ses convictions socialistes, elle flattait encore ses faiblesses. Aussi l'accepta-t-il avec empressement.

Nous ne nous proposons pas d'écrire une biographie proprement dite de Ferdinand Lassalle. Nous ne voulons pas grossir le nombre déjà considérable des travaux de ce genre sur le fondateur de l'Association générale des ouvriers allemands. L'espace, d'ailleurs, qui nous est réservé nous forcerait à reproduire uniquement des faits souvent relatés. Ce que nous voulons avant tout, c'est caractériser la personnalité de Lassalle, en déterminer l'importance comme écrivain politique et comme agitateur. Il n'en est pas moins indispensable de jeter un coup d'œil sur sa vie. C'est ainsi seulement que nous aurons la clé de son action politique.

Son origine même semble avoir exercé sur lui une influence considérable, nous pourrions dire fatale. Nous n'entendons pas parler ici de ses qualités ou de ses dispositions héréditaires. Nous avons en vue ce fait : à une période déjà avancée de sa vie, Lassalle avouait encore que le sentiment d'être de race israélite lui était pénible. Malgré tous ses efforts ou peut-être même à cause de ses efforts, il confessait n'avoir jamais pu dominer le préjugé de son origine juive ni vaincre un embarras secret résultant de sa naissance. Mais il ne faut pas oublier que le berceau de Lassalle se trouvait dans la partie orientale de la monarchie prussienne. Il naquit à Breslau, le 11 avril 1825, c'est-à-dire dans une région où jusqu'en 1848, les Israélites n'étaient pas même émancipés formellement. La fortune de ses parents épargna à Lassalle beaucoup des ennuis dont avaient à souffrir ses coreligionnaires moins riches. Elle ne le protégea pas contre toutes les petites mortifications auxquelles sont exposés les membres d'une race tenue pour inférieure, même s'ils se trouvent dans une

bonne situation de fortune. Dans des natures conscientes
d'elles-mêmes comme l'était Lassalle dans sa prime
jeunesse, elles donnent souvent naissance à un fanatisme
entêté et révolté qui, par la suite, se change parfois en
un sentiment tout opposé. M. Paul Lindau a publié en
1890 le journal tenu par Lassalle pendant les années 1840
et 1841. Il nous montre combien était vif le fanatisme
dont était animé le jeune israélite. Il n'avait pas quinze
ans encore, lorsqu'il écrivait à la date du 1ᵉʳ février 1840 :

« ..... Je le lui disais, et, en fait, je le crois, je suis
un des meilleurs juifs qui soient, sans d'ailleurs attacher
d'importance au rituel de ma religion. Je pourrais,
comme ce juif de la « Leila » de Bulwer, risquer ma vie
pour arracher les Israélites à leur oppression actuelle.
Je braverais même l'échafaud si je pouvais en faire à
nouveau une nation respectée. Oh ! s'il m'était possible
de donner libre cours à mes rêves d'enfant, mon idée la
plus chère serait encore de conquérir à leur tête et les
armes à la main l'indépendance des juifs. » Les mauvais
traitements essuyés par les juifs à Damas en mai 1840
lui arrachent ce cri : « Un peuple qui endure cela est
hideux ; il mérite de souffrir s'il n'est pas capable de se
venger. » Et à la phrase d'un correspondant : « Les juifs
de cette ville souffrent des cruautés que seuls ces parias
de la terre peuvent supporter sans provoquer une
effroyable réaction », il ajoute cette remarque caractéristique : « Ainsi donc les chrétiens eux-mêmes accusent
la lâcheté de notre race ; ils s'étonnent que nous ne nous
soulevions pas, que nous ne préférions pas mourir sur
le champ de bataille plutôt que dans les tortures de la
persécution. L'oppression contre laquelle se sont révoltés
les Suisses était-elle plus grande ?... Peuple de lâches,
tu ne mérites pas un sort meilleur. » Il s'exprime avec
plus de passion encore quelques mois plus tard
(30 juillet) : « Encore ce conte absurde : il faut aux juifs

du sang de chrétien. C'est la même histoire qu'à Damas,
qu'à Rhodes et à Lemberg. De tous les coins de la terre,
ces accusations se font entendre. Cela veut dire, je
pense, que le temps viendra bientôt où réellement du
sang de chrétien sera versé pour notre salut. *Aide-toi,
le ciel t'aidera.* Les dés sont jetés : on n'attend plus
que le joueur. »

À mesure que ses vues s'élargissent, ces idées puériles
s'évanouissent. Mais l'effet que de semblables impressions de jeunesse exercent sur les dispositions intellec-
tuelles subsiste. Lassalle, aiguillonné par les « tortures »
dont il parle, mûrit vite. Il n'en fut que plus empressé
à se ménager par tous les moyens considération et
influence. D'un autre côté le juif révolté, s'insurgeant
contre l'oppression des chrétiens, devient bientôt un
révolutionnaire en politique. Ayant assisté à une représentation de la *Conjuration de Fiesque,* de Schiller, il
fait la remarque suivante témoignant d'une critique de
soi-même remarquablement profonde : « Bien que je
professe aujourd'hui des opinions aussi républicaines,
démocratiques et révolutionnaires que quiconque, je ne
sais si à la place du comte Lavagna je n'aurais pas agi
comme lui, et si, ne me contentant pas d'être le premier
citoyen de Gênes, je n'aurais pas porté ma main sur le
diadème. En y regardant de près, je ne suis qu'un simple
égoïste. Si j'étais né prince, je serais aristocrate de la
tête aux pieds. Mais comme je ne suis que le fils d'un
bourgeois, je serai un démocrate. »

C'est encore son radicalisme politique qui, en 1841,
pousse Lassalle âgé de seize ans à renoncer à sa résolution momentanée de se préparer à la profession de
commerçant et à demander à son père l'autorisation
d'entreprendre des études universitaires. Jusqu'à présent
on a prétendu que Lassalle avait été envoyé contre son
gré, par son père, à l'école commerciale de Leipzig. Son

journal dément absolument cette opinion. C'est Lassalle
lui-même qui a ménagé son passage du gymnase à
l'école de commerce. Non qu'il se fût pris momentanément d'un bel amour pour la profession de commerçant, mais il avait commis toute une série d'étourderies
et de sottises. Il voulait échapper à leurs suites et éviter
de montrer à son père les mauvais bulletins qu'il recevait
d'habitude, injustement à son avis. Mais les choses
n'allèrent pas mieux à l'école de Leipzig qu'au gymnase
de Breslau. Ses conflits avec ses professeurs et surtout
avec son directeur devinrent de plus en plus aigus, à
mesure que ses opinions prenaient elles-mêmes une
tournure plus radicale. C'en fut bientôt fait de sa voca-
tion commerciale. Entré à l'école au mois de mai 1840,
dès le 3 août suivant, il « souhaite » que le « hasard »
l'arrache un jour au comptoir et lui permette de se
produire sur une scène d'où il pourra agir sur le public.
« Je compte sur le hasard et sur ma ferme volonté.
J'espère m'occuper plutôt des muses que du Grand livre
et du Journal, de l'Hellade et de l'Orient que de l'indigo
et des betteraves, de Thalie et de ses prêtres que des
boutiquiers et de leurs commis, m'inquiéter plutôt de la
liberté que du prix des marchandises, exécrer plus
vivement les chiens d'aristocrates qui frustrent l'homme
de son premier, de son plus grand bien que les concur-
rents qui gâchent les prix. » Et il ajoute : « La malé-
diction, toutefois, ne suffit pas. » Au radicalisme vient
s'ajouter l'envie de plus en plus forte de dépouiller le
juif. Ce sentiment est à la fin si énergique que, lorsqu'au mois de mai 1841, Lassalle fait connaître à son
père son dessein « irrévocable » de continuer ses
études, il se refuse en même temps à pratiquer la
médecine ou le droit, « le médecin comme l'avocat
étant des marchands qui font argent de leur savoir. »
Lui, il étudiera pour agir. Ce point de vue n'était pas

celui du père ; il lui permit néanmoins de se préparer aux études.

Il se mit au travail avec un zèle extraordinaire, et dès 1842, il était déjà suffisamment avancé pour passer son examen d'admission à l'Université. Il s'adonna d'abord à la philologie, passa ensuite à la philosophie et projeta dès lors de faire un grand travail philologico-philosophique sur Héraclite d'Éphèse. Le choix qu'il fit de ce penseur comme sujet d'étude caractérise Lassalle tout entier. Les plus grands philosophes de la Grèce ont en effet avoué qu'ils n'étaient jamais sûrs de bien comprendre Héraclite qui, pour cette raison, du reste, fut surnommé « l'Obscur ». Ce n'était pas la doctrine d'Héraclite, en qui Hegel reconnaissait un de ses précurseurs, qui séduisait Lassalle, c'était le sentiment que ses travaux extraordinaires lui procureraient des lauriers. Nous avons déjà rappelé que Lassalle cherchait à éblouir tout le monde par des œuvres exceptionnelles. Il se croyait capable d'accomplir toute tâche, quelle qu'elle fût. Cette confiance sans bornes en lui-même fut la fatalité de sa vie. Elle lui a fait entreprendre et mener à bonne fin des œuvres devant lesquelles auraient reculé mille autres, même doués intellectuellement aussi bien que lui. D'autre part, elle l'a conduit à commettre nombre de bévues funestes ; elle fut aussi la cause de sa fin lamentable.

Ses études terminées, Lassalle alla d'abord sur les bords du Rhin, en 1844, puis partit pour Paris, dans le but d'y travailler dans les bibliothèques, et aussi d'apprendre à connaître la vie mondiale, le centre de la vie intellectuelle de l'époque. A Paris, le mouvement socialiste était très développé et c'est probablement là que Lassalle trouva son chemin de Damas. Nous ne savons s'il y connut des socialistes allemands, ni quelles furent ses relations avec eux ; les renseignements nous font

défaut. Après la disparition des *Annales franco-alle-
mandes* et l'interdiction du *Vorwærts*, Karl Marx avait
été expulsé de France en janvier 1845 et s'était réfugié
à Bruxelles. Nous savons, par contre, qu'il était en
rapport avec Henri Heine, à qui il avait été recommandé.
Il lui rendit de grands services dans une affaire très
délicate, un héritage contesté. On connaît les lettres où
le poète malade exprime au jeune Lassalle — il avait
vingt ans alors — toute sa reconnaissance et toute son
admiration.

De retour en Allemagne, Lassalle fait en 1846 la
connaissance de la comtesse de Hatzfeld. Depuis des
années, elle s'efforçait en vain d'obtenir contre son mari,
le prince de Hatzfeld, qui la soumettait aux pires traitements et aux injures les plus graves, la séparation
judiciaire et la restitution de sa fortune. On a fait bien
des suppositions sur les motifs qui ont poussé Lassalle
à prendre en main la cause de la comtesse. Une liaison
de nature intime aurait existé entre le jeune avocat et
cette femme d'un âge déjà mûr, mais encore fort belle.
Lassalle lui-même s'est défendu avec la dernière énergie
dans le *Procès de la Cassette* contre de semblables
assertions. Selon lui, il aurait uniquement obéi à la pitié
qu'il ressentait pour une femme persécutée, abandonnée
de tous les amis qui auraient pu la servir, pour une
victime de sa classe, pour l'objet des brutalités d'un
aristocrate insolent. Nous n'avons pas à rechercher ici
si, dans les années qui suivirent, ses relations avec la
comtesse ne sont pas devenues plus intimes et n'ont
pas dépassé les limites de l'amitié. Mais, pour des
raisons de simple psychologie, il est invraisemblable
qu'une telle intrigue se soit nouée dès les premiers temps
de leur connaissance, quand Lassalle entreprit le procès.
Une autre hypothèse est bien plus acceptable : on peut
imaginer que Lassalle fut séduit non seulement par

l'idée de prendre parti d'une façon exaltée et romantique
il est vrai, mais louable en tous cas, pour une femme
persécutée et de s'exposer à la haine de nobles haut
placés, mais encore par le sentiment que, pour gagner
cette cause, il fallait employer des moyens et déployer
une puissance extraordinaires. Ce qui aurait effrayé un
autre l'attira précisément.

Il est sorti vainqueur de ce procès ; l'arrogant aristocrate a dû capituler devant « le petit juif imbécile ».
Mais celui-ci ne sortit pas toutefois sain et sauf de cette
lutte. Pour triompher, il avait dû recourir à des moyens
peu ordinaires. Ils n'étaient pas extraordinaires seulement par l'étude approfondie qu'il eut à faire des difficultés juridiques, par la présence d'esprit et la péné-
tration inouïes dépensées à déjouer les ruses et les
artifices de la partie adverse ; il eut aussi à s'immiscer
dans les procédés étranges de la guerre souterraine :
espionner, corrompre, fouiller dans les racontars les
plus rebutants et les plus boueux. Le comte de Hatzfeld,
jouisseur grossier, ne reculait devant aucun moyen pour
arriver à ses fins. Pour contrecarrer ses manœuvres
malpropres, ses adversaires eurent recours à des moyens
qui n'étaient guère plus recommandables. Il faut avoir
parcouru les dossiers de ce procès pour se faire une idée
de la fange qui y fut remuée, des accusations immondes
qui, de part et d'autre, furent mises au jour contre les
parties en cause.

Lassalle ne s'en lava jamais complètement ; il lui est
toujours resté quelque chose du procès de Hatzfeld ; il
ne sortit pas indemne de ces écuries d'Augias. Pour le
juger, nous ne nous plaçons pas au point de vue bourgeois : nous n'avons pas en vue ses amours ultérieures.
Nous ne voulons retenir ici que cet empressement
continuel, constant, à approuver et à utiliser tout moyen
paraissant de nature à servir ses desseins. Nous visons

ce manque de tact, cette absence de mesure qui, même dans les luttes les plus vives, empêche l'homme de conviction de faire quoi que ce soit qui contredise aux principes qu'il soutient et défend. Nous faisons allusion à ce défaut de goût, à cette absence de délicatesse morale qui se manifestent si souvent et si violemment dans l'épisode tragique qui a mis fin à son existence. C'était un enthousiasme juvénile qui avait jeté Lassalle dans ce procès Hatzfeld. Dans son plaidoyer, dans le *Procès de la Cassette*, il l'avoue du reste lui-même. « Quel est l'homme, dit-il, qui, bon nageur, et voyant un de ses semblables emporté par les flots, ne lui porterait pas secours? Eh bien, je me croyais bon nageur, j'étais indépendant, je me suis jeté à l'eau ! » — Sans doute, mais malheureusement l'eau était bien trouble ; elle se perdait dans un bourbier fangeux et quand Lassalle en sortit, la corruption de la société dont il avait eu à s'occuper l'avait atteint lui-même. Ses instincts naturels, qui étaient bons, luttèrent longtemps contre les effets de ce poison ; ils sortirent même souvent victorieux de cette lutte, mais en fin de compte, ils durent céder. On trouvera peut-être que nous sommes ici trop sévère ; au cours de notre étude, on verra que nous ne sommes que juste. Nous n'écrivons pas une apologie de Lassalle ; nous faisons un exposé critique. La première condition, pour le mener à bien, est de déduire exactement les effets des causes.

Avant d'aller plus loin, examinons le rôle que joua Lassalle au cours de l'année 1848.

Quand éclata la révolution de mars, Lassalle se trouvait si bien pris dans les mailles du procès de Hatzfeld que, de prime abord, il était politiquement presque condamné à l'impuissance. Au mois d'août 1848 eut lieu le *Procès de la Cassette* et il eut fort à faire pour se défendre. Acquitté, après sept jours de débats retentissants, il n'eut qu'alors le loisir nécessaire pour prendre une part active et directe aux événements de cette époque troublée.

Lassalle, qui habitait Düsseldorf, la ville où naquit Henri Heine, appartenait naturellement, comme républicain et comme socialiste, à l'extrême gauche du parti démocratique. L'organe de ce parti était la *Neue Rheinische Zeitung*, rédigée par Karl Marx. Ce dernier fit partie d'ailleurs pendant quelque temps du comité de district des démocrates rhénans, dont le siège était à Cologne. Une double occasion s'offrait de la sorte à Lassalle d'entrer en relations plus étroites avec Marx. Il parla dans ce comité ou lui écrivit, envoya à diverses reprises des communications et des correspondances à la *Neue Rheinische Zeitung*, se montra même quelquefois dans les bureaux du journal.

Des rapports personnels et amicaux s'établirent ainsi entre Marx et Lassalle. Ces rapports persistèrent quand Marx vécut en exil. On s'écrivit, on se rendit visite ; Lassalle alla deux fois à Londres et, en 1861, Marx vit Lassalle à Berlin au cours d'un voyage en Allemagne. Cependant leur amitié ne fut jamais bien profonde ; leurs natures étaient trop différentes. Nous exposerons plus loin les raisons qui, malgré leur communauté d'action en politique, empêchèrent ces deux hommes d'être très intimes.

Lassalle adopta vis-à-vis de la réaction de 1848 la même ligne de conduite que la rédaction de la *Neue Rheinische Zeitung* et le parti dont elle était l'organe. Le gouvernement prussien transféra, en novembre 1848, le siège de l'Assemblée nationale à Brandenbourg, décréta la dissolution de la garde nationale et proclama l'état de siège à Berlin. L'Assemblée répondit en mettant le ministère en accusation, et en déclarant que le gouvernement n'était plus justifié à percevoir les taxes. Lassalle, avec le parti démocratique et son organe, revendiqua l'organisation de la résistance armée, dans le but de s'opposer à la levée des impôts. Comme le comité des démocrates rhénans, il fut poursuivi pour avoir incité les populations à prendre les armes contre le pouvoir royal, et de même que ce comité, il fut acquitté par le jury. Mais la réaction, de moins en moins scrupuleuse, maintint contre Lassalle l'accusation de rébellion contre des fonctionnaires publics et le traîna en police correctionnelle. Le gouvernement connaissait bien ses juges : le tribunal condamna Lassalle à six mois de prison.

La réponse à la première prévention parut sous le titre de « plaidoyer devant les assises » *(Assisen Rede)*. De fait, ce plaidoyer n'a jamais été prononcé. Tout ce qu'on raconte dans les diverses biographies de Lassalle sur l'impression « profonde » produite par ce discours sur le jury et sur le public, est du domaine de la fable : Lassalle avait donné son discours à l'impression avant l'ouverture des débats. Comme quelques bonnes feuilles avaient été mises en circulation, le tribunal prononça le huis clos. Quand, malgré les protestations du prévenu et bien qu'il eût déclaré que la mise en circulation de quelques feuilles de sa brochure s'était effectuée sans son aveu, très vraisemblablement même par ses ennemis à l'aide de la corruption, le tribunal eut confirmé sa décision, Lassalle renonça à se défendre et n'en fut pas moins acquitté.

Prononcé ou non, le « plaidoyer devant les assises » n'en demeure pas moins un document intéressant qui nous permet d'étudier l'évolution politique de Lassalle. Presque partout il se place au même point de vue que Karl Marx, dans le discours que ce dernier avait prononcé, trois mois auparavant, devant les jurés de Cologne. La comparaison des deux défenses l'établit amplement, mais elle marque aussi la diversité de leurs natures. Marx s'abstient de tout ornement oratoire ; il va droit au but, développe phrase par phrase son point de vue avec une logique impitoyable, en une langue simple et concise. Il conclut, sans la moindre péroraison, en caractérisant la situation politique. On eut cru, à l'entendre, que sa propre personnalité était absolument hors de cause, qu'il faisait simplement une conférence politique devant les jurés. Lassalle, au contraire, pérore presque du commencement jusqu'à la fin. Il s'épuise en superlatifs, en images, fort belles parfois. Tout n'est qu'amplification oratoire, qu'il parle de la cause qu'il représente ou de sa propre personne. Il ne s'adresse pas au jury, mais aux tribunes, à une réunion publique imaginaire, et il conclut en récitant un passage de Guillaume Tell, après avoir réclamé une vengeance « aussi éclatante » qu'avait été considérable « le tort fait à la nation ». .

Encore en prison, où son énergie et son opiniâtreté lui valurent des adoucissements inconnus jusqu'alors, il obtint à plusieurs reprises l'autorisation, illégale ainsi qu'il le reconnut lui-même plus tard, de plaider dans les procès de la comtesse de Hatzfeld, et, pendant les années qui suivirent, il se consacra uniquement à cette affaire. Cependant Lassalle recevait dans sa maison des amis politiques. Pendant longtemps, il y réunit un cercle d'ouvriers avancés auxquels il faisait des conférences. Enfin, en 1854, le procès Hatzfeld se termina : la comtesse récupérait une somme considérable et on assurait à Lassalle une rente annuelle de sept mille écus qui lui permettait de vivre à sa guise.

D'abord Lassalle conserva son domicile à Düsseldorf et continua à travailler à son « Héraclite ». Puis il entreprit divers voyages, en Orient entre autres. Mais à la longue, ces déplacements eux-mêmes furent impuissants à le réconcilier avec le séjour dans une petite ville de province d'où toute vie politique avait disparu. Il avait besoin d'une existence plus libre, plus captivante que celle que lui offrait ou lui permettait cette ville rhénane. Des relations avec des personnalités importantes, un cercle d'action plus vaste lui faisaient défaut. Aussi, en 1857, s'efforça-t-il d'obtenir du roi de Prusse, par l'intermédiaire d'Alexandre de Humboldt, l'autorisation de transférer son domicile à Berlin.

Cette requête, et l'accueil favorable qui lui fut fait, méritent de fixer l'attention. En mai 1849, Lassalle avait stigmatisé en termes enflammés « le honteux, l'insupportable règne de la force qui sévissait sur la Prusse ». Il s'était écrié : « Pourquoi joindre tant d'hypocrisie à tant de violence ? Mais cela est *prussien* », et « ne l'oublions pas, ne l'oublions jamais... Conservons-en la mémoire, gardons ces souvenirs avec soin comme les os de parents égorgés dont le seul héritage est le serment de venger leurs restes » *(Plaidoyer devant les assises)*. Telle était l'indignation que Lassalle avait manifestée. Il avait donc dû se faire quelque violence pour présenter une semblable requête et s'en remettre au bon plaisir d'un gouvernement qu'il avait attaqué de cette manière. Il fallait aussi que Lassalle eût un intérêt extraordinaire à habiter la capitale de la Prusse. Rien d'étonnant que cette démarche ait été désapprouvée par quelques-uns de ses amis politiques. Lassalle qui, à l'occasion, savait être très sévère pour les autres et qui, notamment quelques années plus tard, demandait encore d'une façon très pressante à Marx de rompre toute relation avec Liebknecht parce que ce dernier était correspondant de la *Augsburger Allgemeine Zeitung*, partait de tout autres considérations quand il s'agissait de lui-même. Il avait soif de notoriété, de gloire, il voulait agir. Le séjour de la capitale lui était indispensable.

Il n'est du reste pas impossible que Lassalle, grâce

aux relations très étendues de la comtesse de Hatzfeld,
sût qu'un nouveau courant allait se faire jour en Prusse
dans les sphères supérieures. Nous savons quelle était
la portée de ces informations par les renseignements
que, déjà en 1854, au début de la guerre de Crimée,
Lassalle fit tenir à Marx, à Londres. Le 10 février 1854,
il communique à ce dernier le texte d'une déclaration
envoyée à Londres et à Paris par le cabinet de Berlin,
indique l'état des esprits dans le gouvernement prussien,
— le roi et presque tous les ministres tenant pour la
Russie, Manteuffel et le prince de Prusse étant seuls
favorables à l'Angleterre. Il dévoile les mesures décidées
par la Prusse dans certaines éventualités et s'exprime
ensuite ainsi : « Tu peux attacher aux nouvelles que je
te communique la même importance que si tu les avais
apprises de la bouche même de Manteuffel ou d'Aber-
deen. » Quatre semaines plus tard, il fait encore diverses
communications sur les projets du cabinet, puisées
« non à ma source *officielle* », dit-il, mais que « leur
origine rend cependant suffisamment dignes de foi ».
Le 20 mai 1854, il se plaint que sa « source diplomatique »
ait entrepris un grand voyage. « Il est parfaitement
désagréable de perdre pour longtemps, après en avoir
disposé, des informations si précieuses qui nous venaient
du ministère. » Il possède néanmoins encore d'autres
sources de renseignements qui le tiennent au courant
des secrets du cabinet. C'est ainsi qu'il annonce longtemps à l'avance le renvoi de Bonin.

Quelques-unes de ces sources touchaient de fort près
à la cour de Berlin, les nouvelles qu'il en recevait
peuvent avoir amené Lassalle à tenter sa démarche. La
folie de Frédéric-Guillaume IV avait, à cette époque
déjà, fait de grands progrès et si les ministres, dans leur
fidélité, si les soutiens de l'idée monarchique n'y voyaient
pas de raison suffisante pour proclamer l'incapacité du

roi, on savait cependant, dans tous les cercles bien informés, que l'avènement au pouvoir du prince de Prusse n'était plus qu'une question de mois.

A Berlin, Lassalle termina d'abord son *Héraclite* qui parut à la fin de 1854 chez l'éditeur Franz Duncker.

Les avis des gens compétents sont partagés sur cette œuvre. Les uns proclament qu'elle fait époque, d'autres prétendent qu'au fond on n'y trouve rien qui n'ait déjà été dit par Hegel. Ce qui est vrai, c'est que, presque partout, Lassalle se place au point de vue de l'ancien hegelianisme. Les objets se déduisent des concepts, les catégories de la pensée sont considérées comme des essences métaphysiques éternelles dont le mouvement forme l'histoire. Mais ceux-là même qui refusent à l'étude de Lassalle une importance exceptionnelle, n'en confessent pas moins que c'est un travail fort sérieux. Il valut à l'auteur un renom mérité et l'estime du monde scientifique.

Ce travail montre que Lassalle était un partisan convaincu de Hegel. Mais la *Philosophie d'Héraclite l'Obscur d'Ephèse* ne caractérise pas seulement à ce point de vue notre auteur et son évolution intellectuelle. Nous pouvons nous ranger à l'avis du célèbre historien littéraire Georges Brandès, bien que son étude fasse souvent bon marché des faits au profit de développements purement littéraires (1). Il fait observer que divers passages du travail sur Héraclite donnent la clef de certaines conceptions de la vie que l'on rencontre chez Lassalle. Cette remarque s'applique au culte professé par lui envers l'idée de l'Etat — et en ceci Lassalle était ancien hegelien — puis aussi à sa manière d'entendre la gloire et l'honneur.

(1) G. BRANDÈS. — *Ferdinand Lassalle. Ein literarisches Charakterbild*. Berlin, 1877.

Sur le premier point, Brandès nous dit : « L'Ethique
d'Héraclite, d'après Lassalle (T. II. p. 431), se résume
en une pensée qui est le fond propre de la moralité
même : « Sacrifier au général ». L'idée est à la fois
grecque et moderne ; mais Lassalle ne peut se refuser
le plaisir, en exposant dans le détail cette pensée de
l'ancien philosophe grec, de prouver qu'elle s'accorde
avec la philosophie de l'Etat de Hegel (T. II, p. 439).
« De même que, dans la philosophie de Hegel, les lois
sont conçues comme la réalisation de la volonté substantielle générale sans que la volonté formelle des sujets
et leur dénombrement entre le moins du monde dans sa
détermination, de même, chez Héraclite, l'universel est
également très loin de la catégorie de la totalité empi-
rique (1). »

Brandès n'a pas tort de voir une contradiction « que
l'on ne nourrit pas impunément » entre cette idée de
l'Etat qui se retrouve continuellement chez Lassalle et
sa foi dans la démocratie, dans le suffrage universel —
qui représente cependant le règne « de la volonté formelle et des sujets ». Cette contradiction dans la sphère
des principes reflétait le contraste « qui sautait réellement aux yeux quand Lassalle, dans sa tenue élégante
et recherchée, avec son linge fin et ses bottes vernies,
parlait à un groupe d'ouvriers de fabrique à la figure
noire et aux mains calleuses (2). »

C'est parler en littérateur. En fait, l'idée que Lassalle
se faisait de l'Etat en sa qualité de hegelien de l'ancienne
école l'a amené plus tard dans sa lutte contre les Manchestériens à dépasser de beaucoup le but.

Sur la façon dont Lassalle comprenait les honneurs
et la gloire, Brandès s'exprime ainsi : « Enfin une

(1) Cf., o. c., p. 40.
(2) Cf., o. c., p. 42.

dernière ressemblance encore entre Lassalle et Héraclite : c'est la passion des honneurs et de la gloire, de l'admiration et des louanges malgré la fierté et la conscience de sa valeur. » Héraclite a énoncé cet axiome si souvent cité (T. II. p. 434 : « Les grandes destinées atteignent le gros lot. » Lui-même met en pleine lumière le sens de cette phrase (T. II, p. 436) : « La masse et ceux qui se croient sages suivent les chantres des peuples et demandent conseil aux lois, sans savoir que la masse est mauvaise, que seule une minorité est bonne mais que les meilleurs poursuivent la gloire. » « Car, ajoute-t-il, les meilleurs préfèrent par dessus tout la gloire éternelle des mortels. » La gloire, pour Héraclite, était donc ce lot supérieur auquel peuvent prétendre de grandes destinées. Il ne recherchait pas les honneurs directement, poussé par un sentiment naturel, il les fondait sur la réflexion et sur la philosophie. « La gloire, dit Lassalle, s'oppose en fait à tout, s'oppose à la catégorie de l'existence réelle, immédiate et à ses buts particuliers. C'est l'être de l'homme dans son non-être, c'est une persistance après la fin de l'existence sensible, c'est l'infinité de l'homme atteinte et réalisée. » Et il ajoute avec chaleur : « C'est la raison pour laquelle la gloire s'est toujours si puissamment emparée des grandes âmes et les a élevées au-dessus de tous les buts restreints, mesquins, c'est la raison pour laquelle Platen dit d'elle qu'elle ne vient que « la main dans la main du justicier, de l'ange de la mort » ; c'est aussi la raison pour laquelle Héraclite voyait en elle la réalisation morale de son principe spéculatif (1). »

A la vérité, il n'était pas conforme à la nature de Lassalle de se contenter de la gloire qui ne vient que la main dans la main de l'ange de la mort. Héraclite

______

(1) Cf., *o. c.*, p. 45.

méprisait la masse. Lassalle recherchait ses applaudissements et prenait en maintes occasions pour de l'approbation tout signe, si incertain qu'il fût, pourvu qu'il lui en promît la faveur. L'amour du pathos, si développé chez Lassalle, indique souvent le cynisme et l'hypocrisie. Si on ne peut lui refuser une certaine dose du premier défaut, on ne peut toutefois l'accuser d'avoir fait mystère de ce que Brandès appelle « son amour malheureux pour le bruit des honneurs, pour les tambours et les trompettes de la renommée ». Quand, dans sa justification, Hélène de Rakowitza raconte comment à Berne Lassalle lui avait dépeint son entrée à Berlin comme président élu de la république, traîné par six chevaux blancs, on est tenté soit de taxer l'écrivain d'exagération soit d'admettre que Lassalle, par la peinture d'un avenir aussi séduisant, désirait s'imposer d'autant plus fortement au cœur de sa bien-aimée. Cependant, la célèbre confession écrite à Sophie de Soutzew prouve que ce rêve n'est pas une fantaisie éclose dans une heure d'abandon, une imagination d'amoureux, mais une idée fixe dont Lassalle se grisait et dont le charme le séduisait puissamment. En 1860, il se qualifie de « chef de parti » parce que « presque toute notre société, dit-il, se divise en deux partis. Les uns — une fraction de la bourgeoisie et le peuple — « l'estiment, l'aiment et même parfois le vénèrent », le considèrent comme « un génie supérieur, d'un caractère presque surhumain, dont ils attendent les actes les plus éclatants ». L'autre parti — toute l'aristocratie et la majorité de la bourgeoisie — le craint « plus que tout autre » et le hait d'une façon « indescriptible ». Si les femmes de cette société aristocratique ne pardonnent pas à Sophie de Soutzew d'épouser un tel homme, d'autre part beaucoup de femmes ne lui pardonneront pas de s'unir à lui parce qu'elles « seront jalouses d'un bonheur qui dépassera vos mérites ». Et « peut-être, je ne vous le cache pas, ajoute-t-il, il pourrait arriver, que, certains événements s'accomplissant, des flots de gloire rejaillissent sur votre vie, si vous devenez ma femme. »

Ces déclarations paraissent bien exagérées. Elles répondent bien peu à la réalité à une époque où il n'était pas encore question d'un parti démocrate et socialiste, et où Lassalle entretenait encore des relations assez suivies avec une fraction des démocrates bourgeois, où il venait de publier une brochure dont le contenu répondait aux aspirations du cabinet prussien. Elles n'en contiennent pas moins une grande vérité subjective : Lassalle lui-même y croyait. Lassalle croyait en ce parti qui voyait en lui son chef, se composât-il de lui seul pour le moment. Ce parti, c'était lui, c'étaient ses aspirations et ses projets. Ses amis prononçaient-ils la moindre parole d'approbation, le moindre mot qu'il pût prendre pour un asquiescement, Lassalle en voyait sa mission confirmée : toute flatterie lui paraissait un hommage justifié. Il est remarquable que la nature humaine soit susceptible de telles contradictions. Comme nous l'apprennent les renseignements fournis par ses amis les plus intimes, comme nous le prouvent ses lettres, Lassalle était fort peu avare d'adjectifs laudatifs : employés par lui, c'étaient de vains colifichets ; mais adressés à lui, il les prenait pour de l'argent comptant.

Ce parti imaginaire faisait si bien corps avec lui-même que quand, plus tard, il se trouva à la tête d'un mouvement réel, ou plutôt d'un mouvement encore naissant, il ne parvint jamais à le considérer autrement que sous son angle personnel et à le traiter en conséquence. Que l'on ne se méprenne pas cependant sur notre pensée. Il serait absurde de prétendre par exemple que Lassalle n'a fondé l'*Association générale des ouvriers allemands* que pour flatter son ambition personnelle, que le socialisme ne fut pour lui qu'un moyen et non un but. Lassalle était un socialiste convaincu, cela ne fait pas l'ombre d'un doute. Mais il n'aurait pu jamais s'absorber dans le mouvement socialiste, lui sacrifier sa personnalité, je ne dis pas sa vie.

Au philosophe grec succéda un chevalier allemand. Peu de temps après l'apparition de son *Héraclite*, Lassalle termina un drame historique déjà commencé à Düsseldorf et le fit paraître en 1859 sous son nom après que la mise à la scène, présentée sous le couvert de l'anonymat, en eût été refusée par l'intendance des théâtres royaux.

Comme œuvre théâtrale, *Franz von Sickingen* était une erreur. Lassalle le reconnut lui-même plus tard. Selon lui, la cause principale de l'échec était qu'il manquait d'imagination poétique. En réalité, ce drame, malgré quelques scènes d'un grand effet, malgré une langue riche en idées, produit en somme une impression de sécheresse ; la tendance en est trop visible, les réflexions trop nombreuses et l'on y tient surtout trop de discours. La métrique aussi y est étonnamment gauche. Brandès raconte qu'un ami de Lassalle sollicité de donner son avis quand l'auteur travaillait encore à la pièce, et qui avait le mérite d'être fort versé dans la métrique, l'engagea à l'écrire plutôt en prose. L'opinion de Brandès est excellente : on ne pouvait donner à Lassalle de meilleur conseil. Sa prose, en effet, possède toute une série de qualités et même la violente tendance à tomber dans la déclamation n'aurait nui en rien dans une œuvre comme Franz de Sickingen. Mais Lassalle se laissa abuser par cette idée que le vers était indispensable au drame. Non seulement ses chevaliers et ses héros s'expriment en iambes de cinq pieds parfois effroyablement ampoulés et boîteux, mais les paysans rebelles

eux-mêmes s'élèvent aux hauteurs du « blank verse ».
Ils ne font exception que dans leurs célèbres mots
d'ordre :

> « Loset, sagt an : Was ist das für ein Wesen ?
> Wir konnen vor Pfaffen und Adel nit geneson. » (1)

et la fraîcheur de ces vers nous repose réellement.

D'ailleurs, ces questions de pure technique ont pour
nous une moindre importance que le contenu et la tendance du drame. Avec *Franz von Sickingen*, Lassalle
voulait faire faire un pas au drame historique tel que
l'avaient créé Schiller et Gœthe. Les luttes historiques ne
devaient plus, comme chez Schiller surtout, se borner à
fournir le terrain sur lequel se meut l'action, où se dénoue
le conflit tragique, tandis que le drame proprement dit
roule sur des intérêts et des destins purement particuliers. Pour notre auteur, ce sont surtout les procès
historiques survenus au cours des différents âges et chez
les différents peuples qui doivent devenir le sujet propre
de la tragédie. Le drame ne roule plus sur les individus
comme tels qui ne sont que les supports, les incar-
nations des antagonismes en lutte. Il a pour pivot les
plus grandes, les plus puissantes destinées des nations
— « destinées qui décident du triomphe ou de la défaite
de l'esprit universel et qui, avec la passion dévorante
qu'excitent les buts historiques, deviennent pour les
personnages du drame des questions de vie ou de mort. »
« En tous cas, pense Lassalle, il est possible de donner
aux caractères une individualité pleine de sève, forte et
réaliste même, tirée des idées qu'ils partagent et des
buts déterminés qu'ils poursuivent. » (2) Lassalle a-t-il

---

(1) « Ecoutez et répondez : quelle est donc cette existence ? Nous ne
pouvons nous dépêtrer des seigneurs et des prêtres. »

(2) Cf., préface de *Franz von Sickingen*.

résolu le problème ainsi posé, dans quelle mesure l'a-t-il
fait, dans quelle mesure aussi cette tâche était-elle
réalisable, dans quelles conditions les grandes luttes de
l'humanité et des nations se laissent-elles incarner dans
des individus, la grandeur, l'immense importance de
ces luttes d'une part, et la personnalité vivante des
individus y trouvent-elles leur compte ? Autant de questions auxquelles nous nous abstiendrons de répondre
ici. Il suffit que, dans la composition de son drame,
Lassalle soit parti de cette conception. Passons maintenant au drame lui-même.

Comme le montre déjà le titre, le nœud de la tragédie
est l'entreprise tentée par François de Sickingen contre
les princes allemands. Sickingen et son ami et conseiller
Ulric de Hutten sont les héros du drame et il est difficile
de dire qui excite davantage l'intérêt, du représentant
militaire et politique ou du représentant théorique de la
petite noblesse d'Allemagne. Chose remarquable, ce n'est
pas sous les traits du premier mais sous ceux du second
que Lassalle a tenté de se peindre. « Lisez ma tragédie,
écrit-il à Sophie de Soutzew. Tout ce que je pourrais
vous dire ici je l'ai mis dans la bouche de Hutten. Lui
aussi a dû subir toutes les calomnies, des haines, des
hostilités de toute espèce. J'en ai fait le miroir de mon
âme. Je le pouvais puisque son sort et le mien sont absolument identiques, se ressemblent de la façon la plus
surprenante. » Il eût été difficile à Lassalle d'établir cette
étonnante similitude, surtout à l'époque où il écrivait
cette lettre. Il menait une vie de plaisirs, était en relations mondaines avec des membres de la société aisée et,
comme homme politique, il se flattait de ne pas exciter
une moindre haine que le chevalier franconien, instigateur des écrits passionnés dirigés contre l'autorité de
Rome. Seuls, certains détails superficiels offrent quelque
analogie chez Lassalle et chez Ulric de Hutten. Mais,

dans notre cas, il importe peu de savoir ce qui était en
fait exact. Ce qui nous intéresse, c'est ce que croyait
Lassalle et ce dont il s'est laissé inspirer dans son œuvre.
Les hommes ayant comme lui une telle opinion de leur
valeur s'exposent toujours facilement à se tromper sur
leur propre compte. Bref, comme il en était convaincu
alors, c'est Lassalle qui se produit dans le Hutten du
drame, et les discours qu'il met dans la bouche de son
héros prennent par là même une certaine importance :
ils nous facilitent l'intelligence des idées de l'auteur.

La réponse de Hutten aux scrupules de Œcolampadius, opposé au soulèvement projeté, rentre dans
cette catégorie.

> « Ehrwürd'ger Herr ! Schlecht kennt Ihr die Geschichte.
> Ihr habt ganz Recht, es ist Vernunft ihr Inhalt. »

la proposition est tout à fait hegelienne.

> « Doch ihre Form bleibt ewig — die Gewalt ! » (1)

Puis, quand Œcolampadius a parlé de la « profa-
nation par le glaive de l'évangile de l'amour », il répond :
« Très vénéré Seigneur ! Vous faites tort au glaive ! Un
glaive forgé pour la liberté est le verbe fait chair que
vous prêchez, le dieu né à la réalité. Le christianisme a
été propagé par le glaive, c'est par le glaive que Charles
a baptisé l'Allemagne, lui que, dans notre admiration,
aujourd'hui encore, nous saluons du nom de Grand !
C'est le glaive qui a renversé l'idolâtrie, c'est le glaive
qui a délivré le tombeau du Seigneur ! C'est le glaive
qui a chassé Tarquin de Rome ! C'est par le glaive que

---

(1) « Très vénéré Seigneur ! Vous connaissez mal l'histoire.
　　Vous dites très justement : la raison en constitue la matière. »
　　. . . . .
　　« Mais sa forme est toujours — la Force ! »

l'Hellade a repoussé Xerxès, c'est à lui que nous devons et les sciences et les arts. C'est du glaive que frappaient David, Samson et Gédéon. Tout ce que l'histoire a vu s'élever de noble s'est accompli par le glaive, partout et toujours, et tout ce qui se produira jamais de grand devra en somme son avènement au glaive ! »

Il y a certes beaucoup d'exagération à dire « mais sa forme — celle de l'histoire — est toujours la force », et « tout ce qui se produira jamais de grand devra son avènement au glaive. » Cependant il était alors pleinement légitime de montrer que le glaive forgé pour la liberté était « le verbe fait chair », que quiconque veut conquérir la liberté doit être prêt à la servir par le glaive. A cette époque, en effet, dans certaines sphères démocratiques, on inclinait de plus en plus à tout attendre de la puissance des mots. Les phrases que Lassalle fait adresser, au dernier acte, par Balthazar Schlör à Sickingen sont pleines d'à-propos et ne conviennent pas seulement à ce temps : « Oh ! non, vous n'êtes pas le premier et ne serez pas le dernier qui aurez payé de votre tête une trop profonde rouerie dans les grandes choses. Le déguisement ne convient pas au marché de l'histoire où, dans la mêlée, les peuples ne te reconnaissent qu'à ton armure, à tes insignes. Couvre-toi donc toujours hardiment et de la tête aux pieds des couleurs de ta propre bannière. Alors, dans l'effroyable bataille, tu éprouveras toute la vertu de ton vrai principe et tu vaincras ou tomberas avec toute ta puissance. » De même, quand Sickingen dit : « Ne dévoile pas le but, mais indique la voie. Ici-bas en effet, but et moyen se tiennent si bien que l'un change avec l'autre et qu'une autre voie crée un autre but », c'est là une maxime que Lassalle a empruntée à sa profession de foi politique. Malheureusement il l'a oubliée précisément dans la période la plus critique de sa carrière.

Mais ne nous arrêtons pas aux détails ; considérons l'ensemble du drame et tirons-en la quintessence.

On sait quels rôles historiques ont joué Hutten et Sickingen ; tous deux sont les représentants de la chevalerie du moyen âge, classe entrée en décadence à l'époque de la Réforme. Ce qu'ils veulent, c'est empêcher cette ruine. L'entreprise est vaine, elle échoue nécessairement et ne fait que hâter ce qu'elle cherchait à éviter. Hutten comme Sickingen dépassent de beaucoup leur classe en intelligence ; aussi nous avons là matière à une vraie tragédie, la lutte vaine de personnalités énergiques contre la nécessité historique. Il est remarquable que précisément ce côté du mouvement de Hutten et de Sickingen apparaît le moins dans le drame de Lassalle, quelle qu'en soit l'importance pour la conception, nous ne dirons pas socialiste, mais moderne et scientifique de l'histoire. Dans la pièce, mille accidents divers, faiblesses, méprises dans le choix des moyens, trahisons, font échouer l'entreprise des rebelles, et Hutten-Lassalle — car c'est tout un — conclut par ces mots : « Je laisse aux siècles à venir le soin de notre vengeance. » On songe involontairement au dénouement vraiment antihistorique de Gœtz de Berlichingen : « Malheur au siècle qui t'a repoussé, malheur à la postérité qui te méconnait ! » Mais si l'on comprend que Gœthe, tout jeune encore, pouvait choisir au xviii⁰ siècle pour héros un représentant de la chevalerie déjà en décadence, il est plus difficile de s'expliquer que près de cent ans plus tard, à une époque où la science historique avait ouvert des perspectives tout autres qui permettaient de juger les guerres de la Réforme, un socialiste comme Lassalle ait choisi deux membres de cette même chevalerie pour représenter « un procès historique sur les conséquences duquel vit toute notre réalité » pour nous servir des termes mêmes de la préface. « Je voulais, ajoute-t-il

encore au même endroit, autant que possible faire
entrer dans l'âme du peuple ce procès historique, en le
lui faisant mieux comprendre, en lui inspirant la passion.
Seule, la poésie possède la puissance nécessaire pour
atteindre un tel but : aussi, me suis-je résolu à écrire ce
drame. »

Sans doute Hutten et Sickingen, outre la cause des
chevaliers, représentent encore la lutte contre la suprématie de Rome et pour l'unité de l'Empire. Ces revendications étaient, au point de vue idéologique, celles de
la chevalerie mourante, mais historiquement, elles
servaient les intérêts de la bourgeoisie naissante, et
quand le pays eût triomphé des effets immédiats de la
guerre de Trente Ans et que l'Allemagne se fût développée, elles passèrent au premier plan et au xixe siècle
furent principalement soutenues par la bourgeoisie
libérale. Ce n'est qu'après la constitution du nouvel
empire allemand que la noblesse allemande s'est souvenue qu'elle avait donné naissance à une personnalité
aussi respectable que Franz de Sickingen, — elle ne
peut encore accepter Hutten aujourd'hui. — A partir de
1859 et même plus tard, le libéralisme saluait encore
dans les deux rebelles des précurseurs du mouvement
national et ignorait leurs tendances de classe.

Le cas est exactement le même dans le drame de
Lassalle. Ulric de Hutten et Franz de Sickingen combattent uniquement ppur la liberté intellectuelle contre
l'Antechrist de Rome, contre les princes au profit de la
cause nationale. « Ce que nous voulons, dit Sickingen
dans son dialogue avec Hutten, c'est une seule Allemagne, grande et puissante, c'est la fin du règne de la
prêtraille, la rupture complète avec Rome ; le vrai principe, c'est l'unité de l'église d'Allemagne ressuscitée, c'est
l'opportune renaissance de l'antique liberté commune
des anciens Germains, c'est la suppression de nos prin-

cipautés naines et de leurs pouvoirs usurpés, c'est, puissamment porté par l'invincible nécessité des temps, ayant pour appui les sentiments les plus profonds de notre cœur, c'est un empereur protestant à la tête du puissant empire. » Et Hutten répond : « Le tableau est fidèle ! »

En vérité, il est moins fidèle qu'approchant de la réalité. Ce passage est muet sur les tendances que les deux héros représentaient encore quand ils luttaient contre Rome et les princes et pour la restauration de l'ancienne liberté germanique. Ce tableau est en merveilleux accord avec un programme qui, trois cents ans plus tard, rallia le libéralisme petit-allemand. On y respire le souffle de « l'ère nouvelle » qui commençait à se faire sentir en Prusse (1).

Lassalle proclame expressément que son *Franz von*

---

(1) Ce qui précède venait d'être écrit quand je dus à l'amabilité de Frédéric Engels de recevoir les lettres de Lassalle adressées à Marx et trouvées dans les papiers de ce dernier. L'une d'elles remplit trente-quatre pages de format in-quarto et, à l'exception de quelques lignes, traite exclusivement de Franz von Sickingen. Dès que le drame eût paru, l'auteur en envoya un exemplaire à Karl Marx et à Frédéric Engels. Les deux amis, qui vivaient encore éloignés l'un de l'autre, firent part à Lassalle de leur appréciation. La lettre dont nous parlons est la réponse à leurs critiques. Il n'y a qu'une seule lettre, parce que, comme il le dit : « Vos objections, sans être absolument identiques, touchent au fond les mêmes points. »

Voici ce qui résulte de cette réponse de Lassalle. L'examen de Marx et de Engels s'attaque précisément aux points que j'ai cru devoir critiquer dans ce qui précède. « Vous êtes d'accord, écrit Lassalle dans un passage de cette lettre, pour trouver Sickingen trop abstrait. » Cette phrase contient en germe ce que j'ai dit plus haut. Le Sickingen de Lassalle n'est pas le vaillant chevalier des premières années du xvi⁰ siècle. C'est le libéral du xix⁰ siècle, caché sous l'armure du premier, c'est l'idéologue libéral. Ses discours dépassent ordinairement toujours l'époque à laquelle ils sont censés avoir été prononcés. « Vous trouvez tous deux, dit Lassalle dans un autre passage, que j'ai laissé trop dans l'ombre le mouvement des paysans, que je ne l'ai pas suffisamment mis en lumière. » « Toi (Marx), tu fondes ainsi ta critique : j'aurais dû montrer que la perte de Sickingen et de Hutten avait son origine dans le fait suivant : à peu près comme la noblesse polonaise, ils n'étaient révolutionnaires qu'en

Sickingen est un drame à tendance. Cette pièce nous fournit une preuve du changement qui se produit dans son attitude à l'égard des courants politiques du moment. D'ailleurs, peu de temps après, ce rapprochement avec

imagination ; en réalité, ils représentaient un intérêt réactionnaire. » — « Les représentants nobles de la révolution, dis-tu, que guettent derrière leurs mots d'ordre de liberté et d'unité, le rêve de l'ancien empire et le droit du plus fort, ne devaient pas tant absorber l'intérêt, comme ils le font dans ta pièce. Les représentants des paysans et des éléments révolutionnaires des villes devraient former le fond et remplir un rôle beaucoup plus actif. Tu aurais pu alors laisser s'exprimer bien mieux les idées les plus modernes sous leur forme la plus naïve, tandis qu'en fait, en dehors de la liberté religieuse, c'est l'unité bourgeoise qui demeure l'idée principale. » — « N'as-tu pas toi-même commis jusqu'à un certain point la même faute diplomatique que von Sickingen ! Ne mets-tu pas aussi l'opposition des chevaliers protestants au-dessus de l'opposition des bourgeois et des plébéiens ? »

Dans cette citation, j'ai négligé les remarques intermédiaires de Lassalle. Elles se rapportent pour la plupart à des développements antérieurs et seraient par suite incompréhensibles ici. Au fond, Lassalle se défend en cherchant à prouver qu'il a suffisamment mis en lumière l'étroitesse de vues des chevaliers, dans la mesure toutefois où on la rencontre dans le Sickingen de l'histoire. Au lieu de s'adresser à toute la nation, d'appeler à la révolte toutes les forces révolutionnaires de l'empire et de se mettre à leur tête, le Sickingen du drame commence une révolution de la petite noblesse, la poursuit dans le même sens jusqu'à ce qu'il périsse de l'insuffisance même des moyens dont dispose cette classe. L'idée tragique et par suite révolutionnaire du drame viendrait de ce que Sickingen tombe précisément parce qu'il n'est pas allé assez loin. Par contre, Lassalle prétend avoir donné toute son importance réelle, l'exagérant même, au mouvement des paysans qu'il fait apparaître dans une des scènes de la pièce ; il y fait faire allusion à diverses reprises, dans les discours de Balthasar par exemple. Historiquement, le mouvement des paysans serait aussi réactionnaire que celui de la petite noblesse.

On sait que Lassalle a soutenu cette dernière opinion dans nombre de ses écrits ultérieurs, dans le « programme ouvrier » par exemple. Mais elle n'est nullement juste. Les paysans élevaient des prétentions et des revendications qui revenaient sur le passé. Cela ne suffit pas pour donner à leur mouvement un caractère réactionnaire. Les paysans ne constituaient pas une classe nouvelle, mais ils n'étaient nullement frappés de décadence, comme la petite noblesse. Ce qu'il y a de réactionnaire dans leur demande, ne l'est que formellement et non essentiellement. Lassalle qui, en sa qualité de hegelien, commet ici encore la faute de déduire l'histoire des idées, s'en aperçoit si peu qu'à la remarque de Marx : « Tu aurais pu la démocratie vulgaire de l'Allemagne du Nord ne devait pas tarder à se manifester dans une question concrète.

Franz von Sickingen avait été terminé dans l'hiver de 1857-58. Lassalle en avait fait le plan et l'avait commencé quand il travaillait encore à son Héraclite. Il écrit à Marx que c'était un besoin pour lui d'abandonner de temps à autre le monde abstrait où il devait se subtiliser et de s'occuper d'un sujet se rapportant directement aux grandes luttes humaines. Entre temps il avait étudié le moyen âge et la Réforme, il s'était « enivré » des œuvres et de la vie d'Ulric de Hutten, quand la lecture d'un pitoyable drame « moderne » récemment paru, l'éclaira tout à coup. La lutte soutenue par Hutten était un sujet digne d'être traité. Il fit donc le plan du drame, mais sans croire tout d'abord qu'il serait lui-même le poète chargé de le mettre en œuvre. Mais bientôt il comprit clairement que c'était à lui que revenait cette tâche. L'inspiration descendit sur lui. On sent en effet que la pièce est écrite avec toute la chaleur dont le cœur de Lassalle était capable. En dépit des fautes que nous avons signalées plus haut, Lassalle est encore immensément supérieur à tous les dramaturges de son époque. Aucun poète allemand de cette époque n'eût mieux fait que lui.

alors laisser s'exprimer bien mieux les idées les plus modernes sous leur forme la plus naïve », il ajoute deux points d'interrogation, aggravés d'un point d'exclamation.

L'autre partie de sa défense serait justifiée si dans la pièce on laissait entrevoir le moins du monde que l'insuffisance des moyens choisis par Sickingen avait sa raison dans l'étroitesse de vues de la petite noblesse. Mais il n'en est pas ainsi. Dans le drame tout se réduit à une faute de tactique. Cela suffit pour lui donner un caractère tragique, mais l'anachronisme historique qui causa l'échec de l'entreprise de Sickingen ne s'en trouve nullement justifié.

(Ecrit en 1891. Les lettres de Lassalle à Marx ont été publiées depuis par Franz Mehring *(Aus den literarischen Nachlass von Karl Marx, Friedrich Engels und Ferdinand Lassalle, herausgegeben von Franz Mehring.* Stuttgart, 1902).

III

Lassalle et la guerre d'Italie

Au début de 1859, *Franz von Sickingen* parut en librairie. Précisément à ce moment, l'Europe était à la veille d'une guerre qui allait puissamment réagir sur le développement de l'Allemagne. C'était l'expédition franco-sarde, décidée à Plombières, dès l'été de 1858, par Louis Napoléon et Cavour. Elle avait pour but d'enlever la Lombardie à l'Autriche et d'arracher l'Italie centrale à la suprématie autrichienne.

L'Autriche appartenait encore à la Confédération germanique. La question se posait naturellement de savoir quelle conduite tiendraient dans ce conflit les Etats confédérés. Etait-il du devoir du reste de l'Allemagne de prendre fait et cause pour l'Autriche contre la France ?

La réponse à cette question était délicate ; cette guerre présentait en effet un double caractère. Pour les Italiens qui y prenaient part c'était une guerre nationale, une guerre pour l'indépendance du pays. Elle devait servir la cause de l'unité et de la liberté italiennes. Du côté français, c'était une guerre de cabinet entreprise pour fortifier le régime bonapartiste et améliorer la situation de la France en Europe. Voici ce dont on était sûr. De plus, partout le bruit courait que Napoléon avait su faire payer cher son appui à son allié, le roi de Sardaigne ; il avait obtenu la cession de Nice et de la Savoie. On n'ignorait pas que l'unité italienne ne se ferait en tout cas qu'autant qu'elle s'accorderait avec les intérêts de l'empire bonapartiste. C'est pour cette raison qu'un patriote italien aussi ardent que Mazzini dénonçait dès la fin de 1858 comme une simple intrigue dynastique le traité secret conclu à Plombières entre Napoléon et Cavour. Il était évident que quiconque soutenait cette guerre, soutenait également Napoléon III et servait ses plans.

Mais Napoléon III avait besoin d'appuis. Contre l'Autriche seule il pouvait, allié à la Sardaigne, entreprendre cette guerre. Mais si les autres Etats de l'Empire allemand, si la Prusse, en particulier, venaient au secours de l'Autriche, l'affaire prenait une autre tournure. Il fit donc répandre par ses agents et ses émissaires, parmi les gouvernements allemands, dans la presse allemande et parmi les chefs des partis allemands, l'assurance que la guerre serait conduite de façon à ne toucher l'Allemagne en aucune façon. Quel intérêt le peuple allemand avait-il à maintenir la domination brutale que l'Autriche exerçait en Italie, de prêter aide et assistance à un Etat aussi foncièrement réactionnaire que l'Autriche? L'Autriche n'est-elle pas l'ennemie jurée de la liberté des peuples? Elle, anéantie, un beau jour se lèverait également pour l'Allemagne.

D'un autre côté, les écrivains au service de l'Autriche disaient que si les plans de Napoléon venaient à se réaliser dans le Midi, le Rhin se trouverait directement menacé. Pour protéger la rive gauche du Rhin contre la rapacité française, il fallait aider l'Autriche à maintenir intactes ses positions militaires dans l'Italie du Nord. C'était sur les rives du Pô qu'il fallait défendre le Rhin.

Le mot d'ordre donné par les agents bonapartistes s'accordait en beaucoup de points essentiels avec le programme du parti petit-allemand (unité de l'Allemagne

sous l'hégémonie de la Prusse, exclusion de l'Autriche
de la Confédération germanique). Il en dérivait directement. Cependant un grand nombre d'hommes politiques qui professaient ces idées ne pouvaient se résoudre
à séparer précisément en ce moment la cause de l'Autriche de celle du reste de l'Allemagne. Cette attitude
leur paraissait d'autant moins opportune que Napoléon
— et on ne l'ignorait pas — entreprenait cette guerre
avec le consentement du gouvernement du czar. Louis
Bonaparte projetait donc de favoriser les intrigues russes
dans le Sud-Est de l'Europe. L'opinion la plus répandue
était qu'il importait avant tout de repousser l'attaque de
Napoléon. Ce travail accompli, on verrait. Mais auparavant, les Italiens devaient souffrir qu'on les traitât en
alliés de Bonaparte tant qu'ils combattraient sous sa
protection.

Sans aucun doute, en partant du point de vue du
parti petit-allemand, on pouvait aussi envisager autrement la situation. Cette attitude était illogique. Si l'on
devait expulser au plus tôt de la Confédération l'Autriche
et ses possessions extra-allemandes, pourquoi ne pas
saluer avec satisfaction un événement qui hâtait la
réalisation de ce programme? Pourquoi soutenir l'Autriche contre la France, d'autant plus qu'on s'obligeait
ainsi à combattre également les Italiens qui luttaient
cependant pour la cause la plus juste? Pourquoi défendre
le Rhin avant qu'il soit attaqué, avant que le moindre
signe ait donné à supposer qu'on songeait à rien entreprendre contre lui? Pourquoi ne pas utiliser plutôt les
embarras de l'Autriche et l'immobilisation de Napoléon
en Italie pour prendre des mesures décisives et faire
faire un pas à la cause de l'unité allemande sous l'hégémonie prussienne?

C'est cette politique, plus conséquente, répétons-le,
au point de vue petit-allemand que soutient Lassalle

dans son écrit « La guerre d'Italie et le devoir de la Prusse », paru en 1859, à la fin de mai. Il combat avec une grande énergie l'opinion soutenue par les deux organes libéraux de Berlin, la *National-Zeitung* et la *Volks-Zeitung* ; dans le premier de ces deux journaux par Lothar Bucher, plus tard l'ami de Lassalle. Il nie que la Prusse doive, en qualité d'État confédéré, venir en aide à l'Autriche, attaquée par Napoléon. Il demande au contraire que la Prusse saisisse l'occasion d'imposer son hégémonie allemande aux petits États. Si, dans le Midi, Napoléon revisa la carte de l'Europe d'après le principe des nationalités, c'est à la Prusse d'accomplir la même œuvre dans le Nord au nom de l'Allemagne. Si l'empereur des Français délivre l'Italie, que la Prusse s'empare du Schleswig-Holstein. « Maintenant que l'Autriche tombe d'elle-même en lambeaux, le moment est venu d'élever la Prusse dans la considération de l'Allemagne. » Et, ajoute-t-il, « que les gouvernements le sachent bien, dans cette guerre qui est d'un intérêt vital autant pour la nation allemande que pour la Prusse, la démocratie d'Allemagne arborerait les couleurs de la Prusse et renverserait tous les obstacles avec une force d'expansion dont seule est capable l'explosion enthousiaste d'un sentiment national qui s'éveille après avoir été comprimé depuis cinquante ans dans le cœur d'un grand peuple. »

On s'est plus tard appuyé sur cette brochure pour faire de Lassalle un avocat de la politique « allemande » de Bismarck. Il est incontestable que le programme national qui y est développé présente une grande analogie avec celui de l'Association nationale fondée en 1859, et de même, *mutatis mutandis*, avec la politique suivie par Bismarck dans le but de réaliser l'unité allemande sous l'hégémonie prussienne. Malgré tout son radicalisme politique, Lassalle était, en pratique, demeuré assez prussien. Non qu'il ait jamais été un particulariste étroit, nous verrons bientôt combien il était éloigné de sentiments semblables. Mais il considérait le mouvement national et les événements se rapportant à la politique extérieure avec des yeux de démocrate prussien. La haine qu'il portait à l'Autriche était aussi exagérée que la haine dont les démocrates et même les socialistes de l'Allemagne du Sud poursuivaient la Prusse. L'Autriche est pour lui « l'Etat le plus hostile à la civilisation qui soit en Europe ». Il voudrait « connaître le nègre qui, comparé à l'Autriche, n'apparaîtrait pas comme un blanc ». L'Autriche est « un principe réactionnaire », « l'ennemi le plus redoutable de toutes les idées de liberté » ; la « notion d'Etat autrichien doit être divisée, morcelée, anéantie, jetée aux quatre vents ». L'Autriche a sur la conscience tous les forfaits politiques que l'on peut reprocher à Napoléon III, et « si les comptes se balancent à peu près, Louis Napoléon, malgré ses sympathies cléricales, n'a pas conclu le concordat. » La Russie elle-même est encore moins maltraitée que l'Autriche. « La Russie est un empire naturellement barbare que son gouvernement despotique cherche à civiliser dans la mesure où la chose est compatible avec les intérêts du despotisme. La barbarie a ici cette excuse d'être un élément national. » Il en est tout autrement en Autriche. « Ici, c'est le gouvernement qui, malgré ses peuples, représente le principe barbare courbant par artifice ou par force ses peuples civilisés sous son joug. »

Il y a étroitesse et en un certain sens — si l'on compare tous les autres Etats — grande exagération à peindre l'Autriche sous des couleurs aussi noires. Sur divers points, la brochure de Lassalle se rencontre avec un écrit qui, paru quelques semaines avant elle, répondant à la même tendance, cherche également à exhorter les Allemands à laisser à Napoléon la liberté de ses mouvements en Italie, aussi longtemps qu'il y jouera le rôle de libérateur et à applaudir à la ruine de l'Autriche. C'est le livre suspect de Karl Vogt, *Etudes sur la situation présente de l'Europe*, ouvrage reproduisant les idées du prince Napoléon Bonaparte, avec lequel Vogt et ses comparses entretenaient des relations amicales. Je me serais fait scrupule d'établir, en le citant, le moindre rapport entre cette brochure et celle de Lassalle. Mais celui-ci est tellement au-dessus de tout soupçon de complicité avec Vogt et consorts qu'il est absolument impossible de jeter le moindre discrédit sur Lassalle en faisant des rapprochements qui me paraissent nécessaires pour des raisons de fait. Mais pour éviter la plus légère équivoque, je reproduis ici un passage de la préface de *Herr Vogt*, de Karl Marx. C'est là qu'il a été démontré que Vogt écrivait et faisait de la propagande dans l'intérêt et au service des bonapartistes, démonstration confirmée neuf ans plus tard, par les documents trouvés aux Tuileries. Ce passage d'ailleurs est parfaitement à sa place ici. Il se rapporte, en effet, sans aucun doute, également à Lassalle. Voici ce qu'écrit Marx : « Des hommes qui, déjà avant 1848, s'accordaient à considérer l'indépendance de la Pologne, de la Hongrie et de l'Italie non seulement comme un droit acquis à ces pays, mais comme étant de l'intérêt de l'Allemagne et de l'Europe, ont exprimé des avis absolument contradictoires sur la tactique que l'Allemagne devait adopter vis-à-vis de Louis Bonaparte à l'occasion de la guerre de 1859. Cette divergence avait sa source dans la façon différente d'apprécier des hypothèses portant sur des faits réels, et qu'il est réservé à une époque ultérieure de juger définitivement. Pour ma part, je n'ai à m'occuper dans cet ouvrage que des idées de Vogt et de sa clique. L'opinion même qu'il prétendait représenter et qu'il représentait dans l'*imagination* d'une tourbe dépourvue de tout jugement, dépasse en effet les limites de ma critique. J'examine les idées qu'il représentait réellement (1). »

Cependant il était naturellement inévitable que là où Vogt opère avec des arguments qui se retrouvent chez Lassalle, ce dernier fut atteint par la critique de Marx. Cela n'a pas empêché Lassalle de déclarer, dans une lettre adressée à Marx, datée du 19 janvier 1861, qu'après la lecture de *Herr Vogt*, il trouvait parfaitement justifiée et tout à fait naturelle la conviction de Marx que ce personnage avait été acheté par Bonaparte. La preuve éclatante en avait été faite avec une « immense évidence ». Lassalle avait d'ailleurs admis auparavant déjà que Vogt, qu'il avait d'abord défendu, était suspect. Et il ajoute : « A tous les points de vue, ce livre est une œuvre maîtresse. »

Quoi qu'il en soit, *Herr Vogt* est extrêmement instructif et aide singulièrement à comprendre l'histoire du xix* siècle. Ce pamphlet contient des matériaux historiques en si grande abondance qu'ils suffiraient à une douzaine d'études.

Pour nous, cet ouvrage présente encore un intérêt particulier.

A aucune époque la correspondance entre Marx et Lassalle n'a été aussi active qu'en 1859 et en 1860. Une grande partie en est consacrée à la guerre d'Italie et à l'attitude qu'elle imposait. Les lettres écrites par Marx à Lassalle sur ce sujet sont-elles encore conservées, et, en ce cas, en quelles mains se trouvent-elles ? On ne sait. Jusqu'à présent, nous ignorons même si leur détenteur actuel est prêt à les publier. Les lettres de Lassalle ne nous permettent de connaître qu'imparfai-

(1) Karl Marx, *Herr Vogt*, préface v, vi.

tement l'attitude prise alors par Marx, et moins encore les raisons qui l'y ont déterminé. Lassalle, en effet, et c'est d'ailleurs bien naturel, se borne la plupart du temps à motiver son point de vue et à réfuter le mieux possible les objections qui lui sont opposées. Mais il est superflu, dans une étude sur Lassalle écrite pour des socialistes, d'insister plus longuement sur l'intérêt particulier que présentent non seulement les relations personnelles qu'il entretenait avec les fondateurs du socialisme scientifique dans les temps modernes, mais encore sur la mesure dans laquelle il partage leur doctrine théorique et leur façon d'envisager les questions politiques et sociales.

Le littérateur vulgaire possède, comme on le sait, des clichés tout faits sur ces points. Au point de vue politique, au sens étroit du mot, on écrit : Lassalle était national, Marx et Engels étaient internationaux. Lassalle était un patriote allemand, Marx et Engels sont des sans-patrie, ils ne se sont jamais préoccupés que de république universelle et de révolution ; ce qui adviendrait de l'Allemagne les laissait parfaitement indifférents.

Il nous peine vraiment de devoir infliger aux inventeurs et aux propagateurs de ces formules une vive désillusion.

Avant même qu'eût paru *Der italienischer Krieg* de Lassalle, la librairie qui devait l'éditer avait mis en vente une autre brochure qui traitait du même sujet. Elle avait pour titre *Po und Rhein*. Son auteur se nommait aussi peu que le fit Lassalle dans la première édition de son œuvre. Il essayait de démontrer, par des raisons tirées de l'art militaire, que le mot d'ordre passé par les organes du gouvernement autrichien était faux. L'Allemagne n'avait pas besoin des provinces italiennes pour se couvrir au sud-ouest. Sans elles, l'Allemagne avait encore dans les Alpes une forte position défensive,

surtout quand l'Italie aurait conquis son unité et son
'ndépendance. Une Italie indépendante trouvera difficilement un motif valable de querelle avec l'Allemagne ;
mais elle aura suffisamment l'occasion de rechercher
l'alliance de l'Allemagne contre la France. L'Italie du
nord est une annexe qui ne peut être utile à l'Allemagne
qu'en temps de guerre ; en temps de paix, elle ne peut
que lui nuire. Les avantages militaires qu'elle peut
offrir en cas de guerre seraient rachetés par l'hostilité
déclarée de vingt-cinq millions d'Italiens. Mais, continue
l'auteur, l'occupation de ces provinces est une question
à débattre entre l'Allemagne et l'Italie, et non entre
l'Autriche et Louis Napoléon. A l'égard d'un tiers, d'un
Napoléon, qui intervient dans son intérêt propre, dans
un intérêt anti-allemand à un autre point de vue, il ne
s'agit que de la simple revendication d'une province,
que l'on n'évacue que contraint et forcé, d'une position
militaire que l'on ne quitte que lorsqu'on n'y peut plus
tenir. Que Bonaparte commence par rendre la Corse à
l'Italie. On verra alors s'il est sérieux. Si l'on doit reviser
la carte de l'Europe, « nous, Allemands, nous avons le
droit d'exiger que la revision soit profonde et impartiale,
et que l'on ne demande pas, comme c'est la mode, à
l'Allemagne seule de faire les sacrifices. » L'auteur
termine enfin en disant : « Voici la conclusion de cette
étude : Nous autres, Allemands, nous ferions un marché
extrêmement avantageux si nous pouvions donner le Pô,
le Mincio, l'Adige, et toute cette marchandise italienne
en échange de l'unité... qui seule peut nous rendre forts
à l'intérieur comme à l'extérieur. »

L'auteur de cette brochure n'était autre que Frédéric
Engels. Il est inutile de dire qu'il l'avait publiée d'accord
avec Marx. Lassalle avait trouvé l'éditeur et, de plus,
envoyé un exposé de son contenu à la *Presse* de Vienne
alors indépendante encore et dont le rédacteur en chef

était son parent. Il connaissait donc parfaitement la brochure de Engels quand il écrivait sa « Guerre d'Italie ». Il la critique donc quand il combat cette opinion que, dirigée par Bonaparte, l'expédition devenait d'une guerre pour l'indépendance une entreprise dirigée contre l'Allemagne qui, forcément, se terminerait par une attaque de la ligne du Rhin, et qu'au point de vue allemand c'était ainsi qu'il fallait l'envisager. D'autre part, comme nous l'avons déjà dit, l'œuvre de Lassalle doit prendre sa part des critiques contenues dans le *Herr Vogt* et surtout dans le chapitre VIII de cet écrit, intitulé *Dâ-dâ-Vogt et ses études* (1).

Nous ne montrerons que par un seul exemple combien souvent les déductions de Lassalle concordent avec celles de Vogt. Du côté autrichien, on rappelait les traités de 1815. Ils garantissaient à l'Autriche la possession de la Lombardie. Voici ce qu'en disaient :

<table>
<tr><td align="center">VOGT</td><td align="center">LASSALLE</td></tr>
<tr><td>« Il est extraordinaire d'entendre un pareil langage dans la bouche du seul gouvernement (souligné dans Vogt) qui ait brutalement violé ces conventions. Tous les autres les ont respectées jusqu'à présent. Seule, l'Autriche les a violées, en étendant, en pleine paix et sans la moindre cause, sa main criminelle sur la république de Cracovie, garantie par elle, et en l'incorporant sans plus à l'Empire. »

Studien, 1re édit., p. 58).</td><td>« Les traités de 1815 n'ont plus de valeur, même diplomatiquement parlant. Violés quand on constitua la Belgique, foulés aux pieds, déchirés par cette même Autriche qui a occupé Cracovie par la force, sans que les cabinets européens aient risqué la moindre protestation, ils ont, pour tout membre des familles régnantes d'Europe, perdu toute valeur juridique. »

(Der ital. Krieg, 1re édit., p. 18).</td></tr>
</table>

Ecoutons maintenant Marx s'attaquant à Vogt : « Nicolas naturellement abolit la constitution et supprima

---

(1) Elle n'échappe pas non plus aux critiques formulées dans une autre brochure de Frédéric Engels : *Savoyen, Nizza und der Rhein.* Dans sa brochure, Lassalle avait représenté l'annexion de la Savoie à la

l'indépendance du royaume de Pologne, garanties par
les traités de 1815, par « respect » pour ces traités. La
Russie ne respecta pas moins l'intégrité de Cracovie en
remplissant de troupes moscovites cette ville libre. En
1836, Cracovie fut de nouveau investi par les Russes,
les Autrichiens et les Prussiens, traité absolument en
pays conquis, et en appelait vainement encore en 1840
à l'Angleterre et à la France, se fondant sur les traités
de 1815. Enfin, le 20 février 1846, Russes, Autrichiens et
Prussiens assiégeaient de nouveau Cracovie pour l'incorporer à l'Autriche. Ce furent les trois Etats du Nord
qui violèrent les conventions, et la confiscation autrichienne de 1846 n'était que le dernier mot de la campagne
de 1831 (1). Dans une note, Marx renvoie à sa brochure
Palmerston and Poland où il prouve que, dès 1831,
Palmerston avait participé à l'intrigue contre Cracovie ;
c'est d'ailleurs une question qui ne peut nous retenir
longtemps ici. Mais une autre preuve alléguée par Marx
présente pour nous plus d'intérêt : c'est quand il
démontre que Vogt, en rappelant l'exemple de Cracovie,
se borne à copier une argumentation d'origine bonapartiste. Un pamphlet bonapartiste : *La vraie question.*

France comme un acte fort naturel et même « tout à fait inattaquable »,
si l'Allemagne obtenait une compensation suffisante à cette extension de
territoire. Engels montre quelle position extraordinairement forte la
possession de la Savoie donne à la France vis-à-vis de l'Italie et de la
Suisse. La chose était à considérer. La maison de Sardaigne donnait la
Savoie parce qu'elle recevait davantage en échange, mais les Suisses ne
se montraient pas ravis du marché et leurs hommes d'Etat, Stæmpfli,
Frei-Herrosé et d'autres firent leur possible pour empêcher que le territoire de la Savoie, libre jusqu'alors, fut remis entre les mains de la France.
Dans *Herr Vogt*, on peut apprendre par quelles manœuvres les agents
bonapartistes en Suisse firent échouer leurs efforts. Un simple coup d'œil
jeté sur la carte apprend tout le reste. Inutile de dire que c'est toujours
de la France du régime bonapartiste qu'il est question ici.

(1) *Herr Vogt*, p. 73, 74.

— *France, Italie, Autriche*, édité par Dentu à Paris au début de 1859, dit textuellement :

« De quel droit, d'ailleurs, le gouvernement autrichien en appellerait-il à l'inviolabilité des traités de 1815, lui qui les a violés par la confiscation de Cracovie dont ces traités garantissaient l'indépendance ? »

A la façon des sycophantes, Vogt a encore exagéré. Des expressions comme « le seul gouvernement », « brutalement », « main criminelle », lui appartiennent en propre. Il en est de même quand, à la fin de la phrase que nous avons citée, il appelle pathétiquement la « Némésis politique » sur l'Autriche.

Quand il écrivait sa brochure, Lassalle n'avait pas encore connaissance du lamentable ouvrage de Vogt. Mais il est incontestable que son œuvre se ressent de l'influence des mots d'ordre passés par Bonaparte et répandus par mille canaux dans la presse nationale et étrangère. Point de doute à ce sujet et nous pourrions en donner pour preuve toute une série de semblables exemples. Les libéraux-nationaux, imitateurs de Bismarck, qui se flattent aujourd'hui que la politique de leur idole a reçu la sanction de Lassalle lui-même, oublient que le programme proposé par ce dernier au gouvernement prussien se confond, comme l'a d'ailleurs toujours pensé Lassalle, dans ses points essentiels, avec le programme dont Bonaparte cherchait alors à abuser les patriotes allemands pour les gagner momentanément à sa politique. Toutes les « prévisions » faites dans *Der italienischer Krieg* et qui excitent aujourd'hui l'admiration de Brandès, etc., se rencontrent déjà dans les *Studien* de Vogt et dans nombre d'autres pamphlets bonapartistes. Oui, déjà avant 1859, Vogt savait — avant la réorganisation de l'armée prussienne — que si la Prusse déchaînait sur l'Allemagne la guerre civile pour établir un pouvoir central unitaire, cette guerre « ne

durerait pas autant de semaines que la campagne d'Italie
de mois » *(Studien,* 2ᵉ édit., p. 133). D'ailleurs Vogt,
qui « était à la source », était réellement sur beaucoup
de points mieux informé que Lassalle, ce qui est certes
tout à l'honneur de ce dernier.

Vogt, par exemple, savait exactement que le cabinet
de Berlin abandonnerait l'Autriche à son triste sort.
L'homme « le plus borné » devait apercevoir clairement
qu'un accord s'était fait entre le gouvernement prussien
et l'empire français. La Prusse ne tirerait pas l'épée
pour défendre les provinces non allemandes de l'Autriche....., empêcherait la confédération et les membres
de celle-ci de se porter au secours de l'Autriche....., de
façon à obtenir en échange de ses efforts une compensation dans l'Allemagne du Nord (1). On ne peut guère
exiger d'un prophète plus de prédictions.

Lassalle au contraire semble avoir été renseigné
alors d'une façon très insuffisante par ses répondants
sur les intentions du cabinet de Berlin.

Voici ce qu'il écrit le 27 mai 1859 à Marx et à Engels :
« Ma brochure : *Der italienische Krieg und die Aufgabe
Preussens* doit vous être parvenue. Je ne sais si vous
lisez là-bas suffisamment de journaux allemands pour
être au moins approximativement renseignés par eux
sur l'opinion qui règne ici. On mange du français. Haïr
le Français (Napoléon n'est qu'un prétexte, la raison
véritable et secrète est l'évolution révolutionnaire de la
France), voilà ce que les journaux d'ici nous cornent
aux oreilles. Tel est le sentiment, que, malheureusement
avec assez de succès, ils cherchent à inspirer aux classes
inférieures de la nation et aux couches démocratiques
en faisant vibrer la fibre nationale. Il serait avantageux
pour notre développement révolutionnaire que le gou-

____

(1) *Studien,* p. 19.

vernement entreprît une guerre avec la France contre le gré de la nation. Mais une guerre populaire, soutenue par le peuple aveuglé aurait des effets d'autant plus funestes sur le progrès démocratique. Aux raisons que j'ai exposées dans cet ordre d'idées dans le chapitre VI de ma brochure, j'ajoute que dès maintenant on doit accentuer la rupture d'avec nos gouvernements..... Je me suis fait une obligation de m'opposer à une calamité aussi menaçante... Naturellement je ne m'illusionne pas le moins du monde pour croire que le gouvernement pourrait choisir ou choisirait l'issue à laquelle je fais allusion au chapitre III. Bien au contraire !... Mais je ne m'en sens que davantage obligé de faire cette proposition parce qu'elle se change aussitôt en un blâme. Elle peut agir à la façon d'un brise-lames. Les flots de cette fausse popularité pourront commencer à s'y rompre. »

Donc en composant son ouvrage, Lassalle aurait visé plutôt à accélérer les progrès du mouvement révolutionnaire qu'à favoriser la marche du mouvement national. En soi, l'intention était justifiée ; mais une question se posait : le moyen était-il bon ? En l'employant, ne risquait-on pas de faire faire fausse route à ce mouvement national, dont la légitimité momentanée ne faisait de doute ni pour Lassalle d'une part, ni pour Marx et Engels d'autre part. Marx et Engels prétendaient qu'à leur avis il s'agissait d'abord de faire échouer par l'action commune de tous les Allemands cette tentative contre l'Allemagne considérée comme un tout. Ils proclamaient que ce n'était pas au moment où on livrait une telle bataille qu'il fallait soutenir même en apparence une politique qui devait conduire au démembrement de l'Allemagne. La diversité d'opinion qui les sépare de Lassalle se fonde essentiellement sur ceci. Marx et Engels considéraient la question à un point de vue plus élevé, dans ses rapports historiques, internationaux : Lassalle se laissait conduire dans la politique intérieure par les événements du moment. Aussi n'échappe-t-il pas à une inconséquence. Tandis que, quand il s'agit de la France, il distingue soigneusement entre la nation et le gouvernement, il identifie purement et simplement l'Autriche avec la maison de Habsbourg, proclame la ruine de l'Autriche alors qu'il ne pouvait être question que de ruiner le système gouvernemental de la maison de Habsbourg. Dans une de ses lettres à Rodbertus, à la phrase suivante que celui-ci lui écrivait : « Et je souhaite de vivre encore à l'époque où l'héritage de la Turquie sera tombé entre les mains de l'Allemagne et où les soldats allemands ou des régiments de travailleurs occuperont le Bosphore », il fait cette observation : « J'ai été bien particulièrement ému en lisant ce passage de votre dernière lettre. Combien de fois l'ai-je pas dû inutilement soutenir précisément cette opinion contre mes meilleurs amis et me voir traité de visionnaire ? Depuis 1839, on a bien souvent repris la question d'Orient, on en a toujours différé la solution. Selon moi, cela n'a eu qu'une signification : la question doit rester pendante jusqu'à ce que la révolution allemande la tranche. Il semble que dans le domaine intellectuel nous soyons des frères siamois (1). »

Il est difficile de comprendre comment l'Allemagne doive recueillir l'héritage de la Turquie après avoir commencé par « diviser, morceler, anéantir » l'Autriche et séparer de l'Autriche allemande la Hongrie et les pays slaves (2).

(1) Lettres de Ferdinand Lassalle à Carl Rodbertus (Jagetzow), éditées par Ad. Wagner. Lettre du 8 mai 1863.

(2) *Der ital. Krieg*, p. 3o.

Il convient encore de citer un autre passage des lettres à Rodbertus :

« Si j'ai jamais poursuivi quelque chose de ma haine, c'est le parti petit-allemand. Tout ce qui est petit-allemand est du Gotha, du Gagern (Gagern, l'homme politique du parti petit-allemand). C'est de la lâcheté toute pure. Il y a un an et demi, dans une réunion composée de mes amis, je formulais ainsi la chose : Tous nous devons vouloir la grande Allemagne « moins les dynasties ». Dans toute ma vie, je n'ai pas écrit un mot en faveur du parti petit-allemand. Je l'ai toujours considéré comme produit par la haine de tout acte sérieux, de la guerre, de la Révolution, de la République, comme un bel exemple de trahison envers la nation (1). »

Il est évident que si Lassalle avait réellement pris au sérieux le programme qu'il développait dans *Der italienischer Krieg*, il n'eût pu écrire les phrases qui précèdent. Ce programme est sans aucun doute petit-allemand. Mais il ne l'employait que parce qu'il semblait convenir aux buts politiques plus élevés qu'il se proposait d'atteindre à l'avènement de la Révolution qui devait trancher la question nationale dans le sens du parti de la grande Allemagne. Dans les lettres adressées à Marx et à Engels à partir du 27 mai 1859, il s'exprime d'une façon de plus en plus précise à ce sujet. Comme ces lettres, fort longues en général, sont ailleurs textuellement publiées, nous nous bornerons ici à en donner quelques extraits et de courts résumés.

Vers le 20 juin 1859 (les lettres de Lassalle portent rarement de date, il faut la leur restituer d'après leur contenu) Lassalle écrit à Marx : « Je n'aperçois de mal que dans une guerre populaire contre la France. Je trouve au contraire un immense avantage pour la

(1) *Lettre* du 2 mai 1863.

Révolution dans une guerre impopulaire chez le peuple. Notre tâche est donc double : il faut que nos gouvernements fassent la guerre (et ils la feront) et il faut que nous la rendions impopulaire... Eloignés depuis dix ans, vous ne paraissez pas soupçonner combien peu notre nation s'est détachée de la monarchie. C'est ce dont, à mon grand regret, je me suis convaincu à Berlin... Si, de plus, la nation venait à se convaincre que la guerre entreprise par le gouvernement était nationale, que le gouvernement s'est élevé à une action nationale, vous voyez combien complète serait la réconciliation, combien, surtout dans le cas d'infortunes, le lien de la « fidélité allemande » attacherait le peuple à ses gouvernements..... Notre intérêt exige à peu près ceci :

« 1° Que la guerre se fasse. (Nos gouvernements, comme je l'ai dit, s'en chargeront bien eux-mêmes.) Toutes les nouvelles qui me parviennent d'une source autorisée affirment que le prince est absolument résolu à intervenir en faveur de l'Autriche ;

« 2° Qu'elle soit mal conduite. (Nos gouvernements s'en chargeront également, d'autant plus que l'intérêt du peuple les soutiendra moins) ;

« 3° Que le peuple soit bien convaincu que la guerre est menée dans un sens anti-populaire, dynastique et contre-révolutionnaire, conduite contre ses intérêts. — Seuls nous pouvons amener cette conviction et c'est donc notre devoir de le faire. »

Lassalle passe ensuite à une autre question : il cherche à savoir dans quel but on peut « vouloir susciter chez nous une guerre populaire contre la France ». Sur ce point, il déclare que deux considérations lui paraissent décisives : 1° Cette guerre peut influer sur les chances des partis révolutionnaires de part et d'autre ; et 2° sur les rapports de la démocratie allemande avec les démocraties française et italienne. Il ne s'occupe nullement de l'intérêt de l'Allemagne considérée comme nation. Au reproche qu'on lui fait de recommander la même politique que Vogt qui est à la solde du gouvernement français, il répond : « Veux-tu me conduire à l'absurde en me faisant un grief de la mauvaise compagnie où je suis ? Je pourrais alors te renvoyer le compliment : tu as le malheur de partager cette fois l'opinion de Venedey et de Waldeck. » Puis il se flatte que sa brochure a produit un effet « immense ». La *Volks-Zeitung* et la *National-Zeitung* ont battu en retraite ; cette dernière, « dans une série de six articles de tête, a fait une volte-face complète ». Pourtant Lassalle ne va pas jusqu'à se demander pourquoi ces organes du parti petit-allemand ont si promptement évolué.

Dans une lettre datée de la mi-juillet et adressée à Marx — après Villafranca — Lassalle écrit : « Il va de soi qu'entre nous, ce n'est pas le principe, mais, comme tu le dis et comme je l'ai toujours compris, la politique la plus opportune qui est en question. » Et pour ne pas laisser subsister le moindre doute sur ce qu'il entend par là, il ajoute : « c'est-à-dire la politique la plus conforme au développement du mouvement révolutionnaire. »

Au début de 1860, il écrit à Frédéric Engels : « Pour éviter des malentendus, je dois remarquer que déjà l'année précédente, quand j'écrivais ma brochure, je souhaitais très ardemment que la Prusse fît la guerre à Napoléon. Mais je la désirais à une condition : c'est que le gouvernement la fît, et qu'elle restât aussi impopulaire, aussi haïe que possible chez le peuple. Ç'aurait été certes un grand bonheur. Mais, dans ce cas, la démocratie eût dû écrire et faire de la propagande contre cette guerre et non en sa faveur... Pour le présent, nous sommes probablement tout à fait du même avis, et il doit en être ainsi pour l'avenir. »

Dans la même lettre, Lassalle parle également du projet de réorganisation militaire qui venait d'être déposé. On sait que c'est cette proposition qui amena plus tard le conflit entre le gouvernement et la bourgeoisie libérale. La mobilisation de 1859 avait convaincu le gouvernement prussien combien peu l'armée était prête à entrer en campagne. Il s'était persuadé que des modifications profondes étaient nécessaires pour entreprendre avec quelque chance de succès une expédition dirigée soit contre l'Autriche, soit contre la France. Quiconque prenait au sérieux la mission allemande de la Prusse devait consentir à la réorganisation militaire, ou du moins en reconnaître objectivement la légitimité. C'est d'ailleurs ce que firent les progressistes au début. Écoutons maintenant Lassalle : « La loi est honteuse ! Suppression complète, et que l'on se contente de dissimuler, de la Landwehr, du dernier reste démocratique de la période de 1810 ; constitution d'une force immense mise au service de l'absolutisme et de la féodalité : tel est, en deux mots, le but évident de cette mesure. Jamais Manteuffel n'eût osé faire semblable proposition ! Jamais il ne l'aurait fait passer ! Quiconque vit aujourd'hui à Berlin et ne succombe pas au libéralisme qui y règne, celui-là ne mourra jamais de colère. »

Enfin, citons encore un passage d'une lettre adressée d'Aix-la-Chapelle à Marx et datée du 11 septembre 1860. Entre autres choses, Marx avait, dans une de ses réponses, rappelé une circulaire de Gortchakoff. Elle déclarait que si la Prusse soutenait l'Autriche contre la France, la Russie de son côté interviendrait en faveur de cette dernière, c'est-à-dire déclarerait la guerre à la Prusse et à l'Autriche. Cette note, disait Marx, prouve d'abord qu'il s'agit d'une intrigue où la libération de l'Italie ne sert que de prétexte, mais dont le but réel est l'affaiblissement de l'Allemagne. En second lieu, elle constitue une insolente ingérence de la Russie dans la politique allemande qui ne devait pas être tolérée. Lassalle répond sur ce point qu'il ne peut relever une insulte dans cette note, mais en renfermât-elle une, elle n'atteignait cependant que les gouvernements allemands. — « Car, que diable ! que nous importe la situation du prince de Prusse ? Toutes ses tendances, tous ses intérêts sont contraires aux tendances et aux intérêts de la nation allemande. Aussi est-il bien plutôt de l'intérêt même du peuple allemand qu'aux yeux de l'étranger le crédit du prince soit aussi mince que possible. » Il faut donc se réjouir de ces humiliations et s'en faire tout au plus une arme contre les gouvernements comme les Français sous Louis-Philippe.

Il est difficile de mettre dans son langage plus de « haute trahison » que le fait ici Lassalle. Ceux qui le considéraient comme le modèle du bon patriote au sens national-libéral du mot et qui, à ce titre, l'opposaient à la démocratie socialiste d'aujourd'hui, n'auront plus qu'à se tenir cois quand auront paru les lettres adressées par Lassalle à Marx et à Engels (1). Les motifs qui guidaient Lassalle quand il composait *Der italienischer Krieg* ne sont rien moins qu'une reconnaissance de la mission nationale des Hohenzollern. Bien loin qu'ici, comme se plaisent à le répéter ses biographes bourgeois, l'homme de parti cède chez Lassalle la place au patriote, on peut dire au contraire beaucoup plus justement que c'est le patriote qui s'efface devant l'homme de parti, devant le républicain révolutionnaire.

On pourrait, il est vrai, avec une certaine apparence

---

(1) Ce sont les lettres publiées par Franz Mehring en 1892.

de raison, se poser cette question : « Si le point de vue
que Lassalle développe dans ses lettres à Marx est si
radicalement différent de celui qu'il défend dans sa
brochure, qui peut garantir que le premier soit vraiment
celui que Lassalle a à cœur ? Puisqu'au moins une fois
il dissimule sa vraie physionomie, pourquoi ne serait-ce
pas quand il s'adresse à Marx ? Mais tant de raisons
parlent contre cette hypothèse qu'il est presque superflu
de l'examiner. L'important est que la contradiction
entre sa brochure et ses lettres est, en fin de compte,
illusoire. Quand Lassalle exprime dans sa brochure une
idée qui ne s'accorde pas avec les opinions exprimées
dans ses lettres, il ne parle que par hypothèse et fait
précéder sa phrase d'un *si* en gros caractères. Dans
sa conclusion, par exemple, il nous dit : mais *si* la
chose ne se produit pas, *alors*, et il explique ainsi cet
« alors » : « *alors* la preuve sera bien faite que la
monarchie en Allemagne est désormais incapable d'une
action nationale. » Mais il maintient dans ses lettres
toutes les affirmations positives contenues dans sa
brochure. Il y maintient absolument le point dont le
développement forme le contenu principal de cette
brochure. Il y affirme que la démocratie — et il entend
par là l'ensemble des partis d'opposition à tendances
avancées — que cette démocratie ne doit pas approuver
la guerre contre la France, parce que c'est s'identifier
avec les oppresseurs de l'Italie, et c'était très sérieusement qu'il désirait la ruine de l'Autriche. En ce sens,
cette brochure, que l'on tienne ou non pour exact le
point de vue qui y est développé, constitue, au point de
vue subjectif, une manifestation d'opinion parfaitement
justifiée.

Il en est tout autrement du chapitre final. Ici, Lassalle
dépasse la limite qui sépare du démagogue l'homme
politique qui lutte pour ses convictions, pour certains

principes. Celui-ci ne recommandera jamais quelque chose dont il ne souhaite pas la réalisation. Certes, Lassalle s'exprime conditionnellement, mais il le fait sous une forme si ambiguë que le lecteur non initié doit croire en fait que l'auteur souhaite ardemment voir le gouvernement prussien suivre la politique qu'il propose. La forme conditionnelle explique la contradiction qui oppose en apparence les idées exprimées dans la brochure et celles développées dans les lettres adressées à Marx, à Engels et à Rodbertus ; elle ne justifie nullement ce double jeu. L'artifice d'avocat consistant à recommander une chose uniquement parce qu'on croit savoir qu'elle ne se réalisera pas est un fort mauvais procédé politique ; rien n'est plus propre à égarer ses propres partisans, et ce fut précisément le cas plus tard. L'exemple sur lequel Lassalle s'appuie pour justifier sa tactique est des plus malheureux. La façon dont s'y prit l'opposition républicaine en France sous Louis-Philippe, les gens du *National*, pour faire de la politique étrangère, fraya plus tard le chemin au meurtrier de la République, au bonapartisme. De même qu'entre les mains des « républicains purs » la légende napoléonienne devenait une arme contre Louis-Philippe, de même Lassalle crut pouvoir jouer de la légende de Frédéric contre le gouvernement prussien de son temps. Mais cette tradition, dans la mesure du moins où elle était en cause, n'était nullement abandonnée par le gouvernement de la Prusse. Et Lassalle, au lieu de faire de la propagande contre la politique dynastique des Hohenzollen, en fit en sa faveur.

Nous avons vu avec quelle énergie plus tard, dès que la Prusse se sentit militairement assez forte, cette politique fut suivie ; elle conduisit à une guerre civile entre l'Allemagne du Nord et l'Allemagne du Sud. On eut le bonheur d'exclure l'Autriche de la Confédération et on fonda l'unité d'une Allemagne-croupion. Mais cette réalisation du programme développé dans *Der italienischer Krieg* est à celle que Lassalle rêvait comme le chameau est au cheval dans la fable de Lessing.

Où nous a conduit la façon dont la Prusse a résolu la question allemande ? L'exclusion de l'Autriche de la Confédération a favorisé au plus haut point la propagande panslaviste. Le gouvernement de ce pays se voit contraint de faire aux Slaves concession sur concession, et ceux-ci ne cessent d'accroître leurs prétentions. Là où autrefois ils se seraient contentés de la reconnaissance de leur langue et de leur nationalité, ils veulent aujourd'hui régner en maîtres et opprimer. A Prague, ville tchèque aujourd'hui, Tchèques et chauvins français fraternisent et portent des toasts contre tout ce qui est allemand. L'annexion à l'Allemagne des pays allemands d'Autriche se réalisera tôt ou tard ; mais les conditions seront dix fois plus défavorables qu'avant la glorieuse exclusion de l'Autriche. Aujourd'hui l'Empire allemand est condamné à regarder avec tranquillité s'étendre la slavisation de ces régions. La façon dont Bismarck a procédé à l'unité de l'Allemagne a rendu la position de la Russie si forte qu'aujourd'hui la politique allemande a le plus grand intérêt à maintenir cette même Autriche. Et certes, tant qu'en Russie règnera le czarisme avec ses aspirations panslavistes, l'Etat autrichien actuel gardera sa raison d'être.

Lassalle voulait naturellement tout autre chose que la mise seule de l'Autriche au ban de l'Empire. Il voulait la suppression, l'anéantissement de l'Autriche dont les pays allemands devaient former une partie intégrante de la République allemande, une et indivisible. Il ne devait éviter que plus soigneusement de paraître proposer un programme dont la conséquence immédiate devait être la guerre civile en Allemagne, une guerre de l'Allemagne du Nord contre l'Allemagne du Sud dont la population, en 1859, était décidément favorable à l'Autriche. Seule la forte propension de Lassalle à sacrifier au but actuel toute autre considération étrangère explique ce retour à une diplomatie qu'il venait de condamner si sévèrement dans son *Franz von Sickingen*.

De plus, en écrivant cette brochure, Lassalle obéissait au violent désir d'intervenir dans la politique actuelle. Ce sentiment perce constamment, à chaque instant, dans ses lettres. Si, à cette époque, Lassalle refuse de coopérer à n'importe quelle œuvre en s'excusant sur les travaux scientifiques qu'il a encore sur le métier, c'est toujours en faisant cette restriction : mais si l'occasion s'offre d'agir directement sur le mouvement révolutionnaire, je laisserai là la science. C'est ainsi que le 21 mars 1859, il écrivait à Frédéric Engels :

« Je m'adonnerai surtout aux études d'économie politique et de philosophie de l'histoire — j'entends l'histoire au sens de développement social — si, ce qui serait bien à souhaiter, le commencement de quelque mouvement pratique ne vient pas enfin mettre fin à toute activité théorique un peu considérable.

« Comme je laisserais volontiers inédit ce que je puis savoir, pour réussir à mettre en pratique un peu de ce que nous pouvons faire ! »

Et six semaines après avoir écrit ce qui précède, Lassalle serait passé dans le camp monarchiste, dans le parti petit-allemand ? Non, sa politique était erronée, mais il avait persisté dans son ancienne intention, il voulait l'avènement, par la révolution, de la République allemande une et indivisible. C'est elle qu'il a en vue quand il met en tête de son écrit l'épigraphe de Virgile : *Flectere si nequeo superos, Acheronta movebo*. Si je ne puis fléchir les dieux — le gouvernement — je déchaînerai l'Achéron — le peuple !

IV

Le Système des Droits acquis et autres Travaux
(1860-61)

La première publication que Lassalle fit paraître après sa « *Guerre d'Italie* » fut un article destiné au recueil périodique, édité par l'écrivain démocrate Louis Walesrode, sous le titre de « *Demokratische Studien* », dans l'été de 1860. Cet article fut mis en vente plus tard sous forme de brochure, c'est « *le Testament politique de Fichte et la situation actuelle* ». On pourrait l'appeler l'épilogue de la « *Guerre d'Italie* ». Lassalle y dit ouvertement ce qu'il avait trouvé bon de dissimuler dans son premier écrit.

Le *Testament politique de Fichte*, comme Lassalle l'explique en rapportant le plan d'un article politique trouvé dans les papiers du philosophe, c'est l'unité de l'Allemagne, mais sous forme de République unitaire. Il serait en effet impossible de jamais réaliser autrement cette unité. Que l'un des divers Etats allemands conquière tout le pays, « l'Allemagne ne s'en trouvera pas fondée, les autres maisons se verront imposer par la force un esprit dynastique spécifique, un particularisme étroit, elles seront prussifiées, on tentera de les rendre bavaroises, autrichiennes ! »... « De plus, l'espèce d'égalité entre les Etats qui résulte de l'existence de ces différents particularismes cesserait d'exister en ce cas et la nation allemande verrait son esprit atteint au cœur.

« Par contre, la conquête de l'Allemagne, exécutée dans un esprit qui ne serait pas spécifiquement dynastique, si celui-ci venait à se confondre avec l'esprit national et les buts qu'il poursuit, serait certes tout autre chose. Mais il serait fou de demander l'idéalité qu'exige cette résolution à des hommes — Lassalle entend ici les princes allemands et en particulier le roi de Prusse — « dont la personnalité intellectuelle, comme celle de chacun, est un produit déterminé de ces facteurs, éducation, tradition, inclinations, histoire. Ils ne peuvent faire mieux que l'un quelconque d'entre nous dont l'instruction et l'éducation auraient été exclusivement déterminées par ces facteurs. »

Tels sont, dans cet article, les derniers développements appartenant en propre à Lassalle. Suivent alors les vues de Fichte. L'unité de l'Allemagne ne serait possible que sur la base de la « liberté personnelle parfaite ». Il en donne les raisons. Et elles exigeraient précisément que dans le plan éternel de l'univers les Allemands fussent appelés à réaliser le « vrai règne du droit, le règne de la liberté fondé sur l'égalité de tout ce qui porte un visage humain ». « Et loin de nous la pensée, conclut Lassalle, de vouloir affaiblir par un commentaire quelconque la sublime puissance de ces paroles. » Puis, s'adressant à l'éditeur : « Si je n'ai pas, monsieur, répondu à la lettre à votre désir, je pense néanmoins avoir atteint votre but — comme le mien. »

Mais quel était donc le but de Lassalle en publiant cet article qui date de janvier 1860 ? Une lettre adressée à Marx nous renseigne à ce sujet. Vers le 14 avril 1860, Lassalle explique pourquoi il s'est rendu à l'invitation de Walesrode, bien que tout son temps fût consacré à parfaire une œuvre importante. Tout d'abord, il a rencontré en lui un homme plein d'honneur, de cœur et de courage comme le montre sa brochure « *Politischer Todtenschau* ». Il méritait bien qu'on fît quelque chose pour lui. Puis il continue : « Enfin l'Almanach pouvait exercer encore une heureuse influence sur nos bourgeois allemands, et, si j'avais refusé de faire l'article, on en eût chargé certainement quelqu'un ayant des idées beaucoup moins arrêtées que moi, un démocrate monarchiste ou petit-allemand. En acceptant, au contraire, il me devenait possible de lancer un cri de guerre vraiment républicain. Ainsi je prenais au nom de notre parti possession d'un livre qui, comme je le suppose d'après son contenu, et bien que je ne sache rien de particulier de ses collaborateurs, aurait difficilement contribué à répandre nos idées et à augmenter l'influence de notre parti.

« Je voulais écrire, puis ne le voulais plus. Bref, il en résulta un article dont je me fis envoyer des épreuves spécialement pour te les expédier (le livre ne paraîtra qu'en octobre) ; je te les fais parvenir avec cette lettre en te priant de les lire, puis de les donner à Engels et de m'écrire enfin ce que tu en penses.

« Je crois qu'au milieu des cancans du parti de Gotha que nous subissons avec tant de répugnance, il produira toujours une impression réconfortante. Il apprendra que ce parti n'a pas tout l'esprit en partage, qu'un parti républicain vit encore. Ce sera un coup de clairon. »

L'œuvre que Lassalle travaillait alors à parfaire était le « *Système des droits acquis* ». Les plaintes qu'il fait entendre à son sujet semblent singulières, mais seront bien comprises de tous ceux qui s'occupent de grands travaux. La chose traîne si fort en longueur qu'elle lui inspire déjà une haine intense. « Mais ce « maudit ouvrage.... », ainsi qu'il l'appelle dans un autre passage de la même lettre, ne devait cependant pas être fini dans les trois mois qu'il s'était donnés pour son achèvement.

En 1860, Lassalle souffrait de nouveau gravement des atteintes de cette maladie chronique dont il parlait déjà dans son plaidoyer devant les assises et qui le visitait périodiquement. « J'étais et je suis encore sérieusement malade », écrit-il au début d'une lettre remontant probablement à la fin de janvier 1860. « J'ai encore été malade et plus gravement que jamais » ; tel est le commencement de la lettre citée précédemment. « Me suis-je surmené dans ces derniers temps, ou payé-je une trop longue négligence, bref, il me semble que ma santé ait cessé d'être le roc inébranlable sur lequel je pouvais compter avec tant d'assurance. » Dans le but de se soigner sérieusement, Lassalle se rendit à Aix-la-Chapelle dans l'été de la même année. Il y fit la connaissance d'une jeune Russe, Sophie de Soutzew, qui avait accompagné son père qui faisait également une cure dans cette ville. Cette personne fit si bien la conquête de Lassalle qu'encore à Aix, il la demanda en mariage. Mais Sophie de Soutzew, après quelques semaines de réflexion, refusa le parti qui lui était offert.

Sur cet épisode de la vie agitée de Lassalle, nous ne connaissons jusqu'à présent que les notes que Sophie de Soutzew encore jeune fille à cette époque, et devenue depuis la femme d'un propriétaire foncier de la Russie méridionale, publia en 1877 dans une revue de Saint-Pétersbourg « *le Messager européen* ». Une année plus tard une traduction allemande parut à Leipzig chez l'éditeur F.-A. Brockhaus (1). L'intrigue proprement dite n'est pas particulièrement intéressante. Tout se passa avec une correction rare. Sophie de Soutzew écrit

______

(1) Sous le titre de « *Eine Liebes-Episode aus dem Leben Ferdinand Lassalle's* » (Un épisode d'amour de la vie de Ferdinand Lassalle.)

que Lassalle fit, il est vrai, une grande impression sur elle. Elle crut un moment pouvoir l'aimer. Mais des doutes lui vinrent aussitôt. Enfin elle finit par comprendre qu'un amour qui doute n'est pas l'amour — n'est surtout pas l'amour auquel Lassalle prétendait en prévision des luttes que l'avenir lui réservait. Peut-être aussi la perspective de ces luttes effrayait-elle la jeune femme plus qu'elle ne l'avoue — comme on sait, un journal, des mémoires ne disent jamais complètement la vérité. D'un autre côté il nous paraît un peu sentimental de faire à Mᴵᴵᵉ de Soutzew presqu'un crime d'avoir été aimée de Lassalle sans avoir répondu à son amour. La jeune fille avait incontestablement le droit de ne pas donner son cœur, et Lassalle, du reste, quelque brûlante qu'ait été sa flamme, sut se consoler rapidement de son échec.

Bien plus intéressantes que l'intrigue amoureuse proprement dite sont les lettres que Lassalle écrivit à Sophie de Soutzew, surtout la « confession d'une âme » dont nous avons déjà parlé et qui ne remplit pas moins de trente-cinq pages imprimées. C'est un des documents les plus intéressants pour la caractéristique de Lassalle. Si dans son premier journal nous apercevons l'enfant devenir un adolescent, dans cette confession nous voyons l'adolescent devenu homme, découvrir son émoi. Certes, ce que nous avons dit plus haut de semblables aveux s'applique aussi à ce cas particulier.

Mais un des traits les plus saillants du caractère de Lassalle est sa véracité, on pourrait presque dire sa véracité inconsciente. Comme nous le montre déjà sa tendance constante à verser dans le pathétique, Lassalle avait une nature théâtrale. Il aimait à jouer la comédie. Il était trop homme du monde pour voir du mal à employer, suivant la maxime de Talleyrand, la parole à déguiser sa pensée. Mais il ne lui était cependant pas

possible de se donner pour autre qu'il n'était, de se
dissimuler. Ses inclinations et ses passions étaient beaucoup trop fortes pour ne pas se trahir perpétuellement.
Sa personnalité était trop marquée pour ne pas percer
sous tous les déguisements sous lesquels il lui plaisait
de se produire. Aussi le vrai Lassalle, avec ses qualités
et ses défauts, apparaît-il dans le tableau qu'il trace de
lui-même pour Sophie de Soutzew, bien qu'il s'y soit
dépeint tel qu'il désirait se présenter aux yeux de la
jeune fille.

La présomption, la vanité qu'il avait à un haut degré
s'y montrent à chaque ligne. Nous avons déjà raconté
comment, dans ce manuscrit, il se pare de l'auréole de
sa gloire future. Il se pose déjà comme le chef d'un parti
qui, en réalité, n'existait pas encore. Il se donne comme
craint, comme haï par la bourgeoisie et par l'aristocratie,
alors que tout prétexte de haine et de crainte faisaient
défaut. Il exagère de même ses succès antérieurs.
« Rien, Sophie, écrit-il à propos de sa victoire dans
l'affaire de la *Cassette*, ne peut vous donner une idée,
même rapprochée, de l'impression électrique que j'ai
produite. Toute la ville, le peuple entier de la province
étaient transportés, si je puis dire, d'enthousiasme....
toutes les classes, toute la bourgeoisie étaient comme
enivrées... Cette journée me donne dans la province
rhénane la réputation d'un orateur sans égal, d'un
homme d'une énergie infinie, et les journaux ont propagé ce renom dans toute la monarchie... Depuis ce
jour, le parti démocratique de la province du Rhin m'a
reconnu pour son chef. » Il écrit ensuite qu'il n'est
pas sorti avec moins de gloire du procès de Düsseldorf.
« Je vous donnerai le discours que j'ai prononcé dans
cette affaire. Il est également imprimé. Il vous amu-
sera. » Il n'ajoute pas qu'il n'a jamais prononcé cette
défense.

A côté de ces indices d'une vanité vraiment enfantine et puérile, les traits d'un orgueil légitime, parce qu'il se fonde sur des principes et non sur des honneurs extérieurs, ne font pas défaut. Le ton d'une conviction profonde perce dans toute la lettre. Même quand Lassalle parle de la « gloire » que « certains événements » — la révolution qu'il attend — pourront faire rejaillir sur sa future femme, il ajoute aussitôt : « Mais, n'est-il pas vrai, Sophie, on ne doit pas rabaisser de si grandes choses, le but des efforts de toute l'humanité à une simple spéculation sur un bonheur individuel ? » — et il remarque encore : « Aussi ne doit-on nullement y compter. »

A un autre point de vue encore, la « Confession » de Lassalle offre de l'intérêt. Il s'explique très longuement sur ses relations avec la comtesse de Hatzfeld. Il peut se faire qu'il idéalise sur bien des points ses rapports antérieurs. Il n'en est pas moins sûr que, s'adressant à une jeune fille qu'il recherchait à ce moment et qu'il cherchait si passionnément à épouser, il n'avait aucune raison d'exagérer encore ses sentiments pour la comtesse dans la mesure où ils dépassaient le simple respect et la reconnaissance. En fait, Lassalle se répand en expressions d'une tendresse passionnée vis-à-vis de Mme de Hatzfeld. Il l'aime « de l'amour filial le plus tendre qui ait jamais existé », « trois fois plus que sa mère tendrement aimée ». S'il devient son mari, il demande à Sophie d'aimer la comtesse « avec la véritable tendresse d'une fille » ; il espère que, si la comtesse qui a des sentiments d'une extraordinaire délicatesse, et sans savoir d'ailleurs si Sophie aime également Mme de Hatzfeld, ne voulait pas venir habiter avec le jeune couple, il pourra cependant l'y déterminer — ils vivraient ainsi « tous trois heureux et unis ».

Il s'ensuit qu'en tous cas il y a infiniment d'exagération à prétendre, comme certains écrivains l'ont fait, qu'alors à Berlin et plus tard encore, la comtesse se soit si opiniâtrement imposée à Lassalle. Mme de Hatzfeld avait de grands défauts. A notre avis et sous plusieurs rapports son amitié a eu pour Lassalle des conséquences très funestes. Mais précisément parce que telle est notre opinion, nous nous faisons un devoir de protester quand on fait tort à cette femme. Rien de plus absurde que de soutenir, comme l'ont fait divers écrivains copiant ainsi le célèbre pamphlet de Becker, que Lassalle s'est plus tard jeté dans l'affaire Dönniges pour se débarrasser de Mme de Hatzfeld. Le jour où il fit la connaissance de Sophie de Soutzew, Lassalle écrivit une lettre de rupture à une femme, où il s'exprima encore plus chaleureusement sur l'amitié qu'il portait à Sophie de Hatzfeld. « Qu'est-ce que l'âme ? Le tout d'un homme compris dans une unité, le foyer de toute la masse d'impressions qu'on a subies. Eh bien, c'est ce qu'elle (Sophie de Hatzfeld) est pour moi. Elle est mon moi, ma personnalité incarnée une seconde fois. » (Voir *Intime Briefe Ferdinand Lassalle's*, éditées par l'auteur en 1905. Berlin, librairie du *Vorwärts.)*

D'ailleurs Sophie de Soutzew s'exprime très favorablement sur l'impression que lui fit la comtesse.

Trois lettres de Lassalle à Marx datent de son séjour à Aix-la-Chapelle. Il n'y est naturellement nullement question de ses amours avec Mlle de Soutzew. Seules quelques remarques sur l'état des esprits à la cour de Russie permettent de conclure que ses relations avec cette personne en sont la source. Ces lettres présentent néanmoins un assez grand intérêt. Un passage de l'une d'elles est particulièrement remarquable. Il nous renseigne en effet sur les sentiments de Lassalle vis-à-vis de la presse libérale et de la magistrature prussienne que ce parti portait aux nues à une époque où il était

encore à Berlin dans les meilleurs termes avec les chefs
de l'opposition. Le passage est aussi court que frappant.
Nous lui réserverons donc une place ici.

Marx avait voulu traduire devant les tribunaux pour
diffamation Zabel, rédacteur en chef de la *Berliner
National-Zeitung*. Ce personnage, mettant à contribu-
tion le pamphlet de Vogt contre Marx avait accusé ce
dernier des actes les plus infamants. Mais Marx fut
débouté en troisième instance, sans même qu'on plaidât
le procès au fond. Les juges des trois tribunaux trouvèrent tous que si Zabel avait reproduit toutes les
calomnies de Vogt, et avait même renchéri sur lui, il ne
pouvait néanmoins avoir eu l'intention d'offenser Marx.
Marx lui-même tenait un semblable déni de justice pour
impossible en Prusse. Il l'écrivit à Lassalle qui dès le
début lui avait déconseillé ce procès parce qu'on ne
pouvait faire fond sur la justice. Lassalle lui répond de
la façon suivante :

« Tu m'écris que tu sais maintenant que, chez nous,
il dépend des juges de permettre à un particulier de se
faire rendre justice. Mon cher, que je t'ai fait tort
dernièrement en te reprochant dans une de mes lettres
de voir tout trop en noir. Je frappe ma poitrine avec
repentir et je retire complètement ce que j'écrivais. Tu
me sembles avoir vu beaucoup trop en rose au moins la
justice prussienne. J'ai fait bien d'autres expériences à
propos de ces personnages, relevé bien d'autres preuves
de l'exactitude de cette phrase, subi des choses bien
autrement graves, et par trois fois trois douzaines de fois,
dans des procès civils et même dans des procès cri-
minels... Ouf! Il me faut faire violence pour imposer
silence à ma mémoire. Quand je pense à l'assassinat
juridique dirigé chaque jour pendant dix ans, contre
ma personne, un nuage de sang me passe devant les
yeux, il me semble que je vais étouffer dans un accès de

rage. Mais j'ai réagi et depuis longtemps j'ai maîtrisé ma fureur, il s'est écoulé assez de temps pour que je puisse envisager les choses froidement, mais jamais un sourire plus méprisant ne plisse ma lèvre que quand j'entends chez nous parler de juge et de justice. Comparés à nos juges, les galériens me paraissent gens fort honorables.

« Mais, m'écris-tu, tu vas t'en prendre à eux. En tous cas, dis-tu, les Prussiens me mettent entre les mains une matière si riche qu'ils pourront bientôt en remarquer les effets dans la presse de Lc .dres! Mon cher ami, ils ne remarqueront absolument rien. Je ne doute pas un instant que tu les démasques, que tu les perdes dans la presse de Londres. Mais ils n'en remarqueront rien, absolument rien. Il en sera comme si tu n'avais pas écrit du tout. On ne lit pas de journaux anglais chez nous, et pas une seule de nos gazettes allemandes n'en dira rien, n'en soufflera le moindre petit mot. On s'en gardera bien! Et surtout nos journaux libéraux. Où donc ces idiots prononceraient-ils la moindre parole hostile contre leur sacro-saint Palladium, la « magistrature prussienne »? Il suffit d'y faire allusion, pour que leur langue claque de ravissement. Leurs joues s'enflent à chaque fois qu'ils lâchent le mot et de respect, ils mettent leur front dans la poussière! Oh! ils n'en diront absolument rien, et du Danube jusqu'au Rhin, et aussi loin que « résonne le langage allemand », un silence de mort régnera tranquillement! Que faire contre cette conspiration du journalisme? Notre police, que l'on en dise ce que l'on voudra, est une institution bien autrement libérale que notre presse... C'est — que le ciel me soit en aide! je ne sais véritablement quelle autre expression employer — c'est une vraie... (suit le mot de Cambronne).

En 1861, dans le second volum   ¹es « Etudes démo-

cratiques ». Lassalle publia un petit article sur Lessing,
écrit dès 1858, à l'apparition du livre de Stahr
« *Lessing's Leben und Werke* » (1). Il fait paraître enfin
son grand ouvrage de philosophie du droit : « *Le
Système des droits acquis* ».

L'article sur Lessing ne présente pas un intérêt
extraordinaire. La langue est la plupart du temps celle
d'un ancien hégélien. Il s'appuie surtout sur les développements où Heine, dans son livre « *sur l'Allemagne* »,
expose l'importante influence exercée par Lessing sur
la littérature et la vie publique de notre pays. Comme
Heine, Lassalle salue en Lessing le second Luther de
l'Allemagne. Et quand, à la fin de l'article, rappelant la
grande analogie entre la situation actuelle et celle du
temps de Lessing, il s'écrie : « des situations analogues
créent des caractères analogues », il semble s'être
souvenu de la parole de Heine : « Oui, le troisième
homme viendra aussi qui finira ce que Luther a commencé, ce que Lessing a continué, et dont la patrie
allemande a tant besoin — le troisième libérateur ! »
C'était son désir le plus ardent de devenir ce troisième
libérateur. Comme le Hutten de son « *François de
Sickingen* », le Lessing de son article reflète la pensée
propre de Lassalle. L'apothéose du glaive n'y manque
pas non plus. « Mais si nous avons suivi la pensée de
Lessing dans les domaines de l'art, de la religion et de
l'histoire, quelle est sa position en politique ? » se
demande Lassalle, et pour la dernière hésitation à ceux
qui ne l'ont pas encore compris tout en connaissant le
point de vue contenu par Lessing dans les sphères que
nous venons d'énumérer, il cite un passage des fragments
du « *Spartacus* » de Lessing, où le héros répond ainsi à la
question ironique du consul : « J'entends, tu philosophes,

____

(1) *Vie et Œuvres de Lessing.*

6

Spartacus ? » — « Quoi ! Tu ne le veux pas, je ne dois pas philosopher ! Philosopher ! tu me fais rire ! Eh bien, *nous combattrons !* »

Vingt ans plus tard, la prophétie de Lessing s'est réalisée dans la Révolution française. Et, suivant Stahr, cette conclusion « pourra bien aussi terminer l'entretien du Spartacus et du consul de l'avenir ».

L'œuvre scientifique la plus importante de Lassalle, « *Le Système des droits acquis* » est surtout écrite pour les jurisconsultes. Mais le sujet qu'il traite se rapproche davantage des luttes pratiques de l'époque actuelle que la matière de l' « *Héraclite* ». Aussi allons-nous essayer d'exposer au moins l'idée directrice de ce travail que Lassalle appelle avec raison une œuvre gigantesque de labeur humain. A son sujet, les gens compétents sont presque unanimes : « *Le Système des droits acquis* » témoigne d'une puissance de travail intellectuel considérable et de la grande perspicacité juridique de son auteur. Pour toutes ces raisons, il paraît légitime d'insister ici quelque peu sur ce livre.

Le problème lui-même est indiqué dans le sous-titre de l'œuvre qui se divise en deux parties : « Conciliation du droit positif et de la philosophie du droit. » Dans sa préface, Lassalle nous expose que, malgré les efforts de Hegel pour concilier le droit positif et le droit naturel, l'hostilité des juristes positifs et des philosophes du droit est plus grande qu'avant Hegel. Ce sont moins les premiers que les seconds qui en portent la faute. Au lieu de puiser aux richesses du droit positif, ils se sont contentés de planer dans la sphère de leurs formules générales et de se tenir aussi loin que possible d'un terrain grossier de la matière juridique réelle. « Parmi ces philosophes, disciples de Hegel, règne une véritable « horreur du plein », du contenu positif. Hegel n'en est pas cause. Sans se lasser, il a toujours proclamé que la philosophie n'exigeait rien tant que l'étude approfondie des sciences fondées sur l'expérience. La philosophie du droit de Hegel, explique Lassalle, dans les conditions essentielles où elle apparaissait, où, pour la première fois, on tentait de poser le droit comme un organisme raisonnable se développant de lui-même, n'est à la véritable philosophie du droit que comme la disposition logique générale d'une œuvre est à l'œuvre elle-même. « Si les philosophes ne s'en étaient pas tenus uniquement à ses traits généraux peu nombreux » — « propriété, famille, contrat, etc. » — ils seraient arrivés à écrire une philosophie du droit public au sens d'une évolution philosophique des diverses institutions juridiques concrètes. Le contenu précis de ces différentes institutions aurait aussitôt démontré que l'on n'arrive à rien si l'on s'en tient aux catégories générales abstraites de propriété, d'héritage, de contrat, de famille, etc. On aurait vu que l'idée romaine de propriété est différente de l'idée germanique de propriété, le concept romain d'héritage — différent du concept germanique, le concept romain de famille — différent du concept germanique. La philosophie du droit, appartenant à la sphère de l'esprit historique n'a rien à voir avec ces catégories logiques éternelles. Par contre, les institutions juridiques ne sont que des réalisations d'idées historiques, ne sont que l'expression du contenu spirituel des divers esprits nationaux, des différentes périodes historiques. C'est ce que prouve au fond toute la seconde partie de cet ouvrage qui a trait à la notion d'héritage. Cet exemple établit que « la tendance hégélienne indiquée et toute la structure, toute l'architecture de la philosophie du droit de Hegel doivent être complètement abandonnées, il établit que rien de la philosophie hégélienne ne peut être conservé, sauf ses principes essentiels et sa méthode si l'on veut créer la

vraie philosophie du droit... » Ce que nous venons de
dire s'applique également à la relation où se trouvent
le système de Hegel et la philosophie de l'esprit en
général. Et si les temps de loisirs ne doivent plus jamais
empêcher les Allemands de se livrer aux recherches
théoriques — « on ne peut plus dire aujourd'hui avec
Tacite que ce soit une « rara temporum felicitas »,
ajoute Lassalle avec une légitime amertume — lui,
Lassalle, en fera peut-être la preuve dans un nouveau
système de philosophie. D'ailleurs cette réforme totale
de la philosophie hégélienne aura au fond « le même
drapeau que celui que tenait Hegel lui-même ». Il
arrivera à la victoire par une autre voie. Ce sont
toujours les principes fondamentaux et la méthode de
la philosophie hégélienne qui auront raison contre
Hegel lui-même. Le peu de connaissance qu'il avait de
la matière a souvent rendu Hegel plus injuste envers le
droit qu'envers toute autre discipline peut-être. « Il con-
cevait les juristes romains comme l'activité de la raison
abstraite. Au cours du second volume tout entier nous
prouverons de la façon la plus positive que cette
conception ne vaut que pour nos juristes. C'est exactement le contraire qui s'applique aux Romains. Nous
verrons que l'activité de ces derniers n'est que celle de
l'idée spéculative qui ne se pénètre pas elle-même, qui
n'est pas consciente d'elle-même, l'activité de l'esprit
religieux et juridique est dans le même cas... Cependant
tout ce que nous venons de dire ne prouve qu'une
chose, c'est que la philosophie hégélienne avait plus
raison que ne le pensait Hegel lui-même, l'idée spéculative règne sur des domaines plus vastes et avec une
intensité plus grande que Hegel lui-même ne l'a
reconnu (1). »

(1) Préface du *Système des droits acquis.*

Tous ces développements prouvent encore combien
Lassalle, dans cette œuvre, s'appuie sur Hegel. Plus
libre que dans son « *Héraclite* » il en tient encore non
seulement pour la méthode, mais encore pour les principes essentiels de l'hégélianisme. Il n'adopte pas
seulement la dialectique comme méthode de recherches,
mais il n'abandonne pas l'idéalisme hégélien, la réduction des événements historiques au développement et
au mouvement des idées sans étude correspondante des
bases matérielles de ce mouvement. Comme Hegel,
Lassalle aussi reste à moitié chemin. A propos des
institutions juridiques, il prétend fort justement qu'il
ne s'agit pas là de catégories logiques et éternelles, mais
de catégories historiques. Seulement, il traite ces
catégories comme si elles étaient « les réalisations des
idées ou notions historiques ». Il s'inquiète par contre
fort peu de savoir dans quelles circonstances ces idées
se sont développées, des conditions matérielles dont ces
idées sont l'expression. Il renverse même le rapport et
« veut tenter de prouver concrètement que ce qu'il y a
de purement positif, d'historique n'est que l'émanation
nécessaire de l'idée historique à un moment donné (1) ».
Aussi, tout en faisant preuve de la plus grande péné-
tration, doit-il aboutir naturellement à de fausses
conclusions.

« L'exemple le plus considérable » que donne son
œuvre de la dépendance causale où « ce qu'il y a de
purement positif et d'historique » vis-à-vis des idées
historiques, est fourni, suivant Lassalle, par l'exposé
du droit d'héritage, contenu dans le second volume qui
a pour titre : « *Le droit d'héritage germanique et le
droit d'héritage romain dans leurs évolutions historiques et philosophiques.* » La valeur de ce travail

(1) *Système des droits acquis.* T. I. p. 61 (2ᵉ éd.).

réside dans son unité serrée, dans le développement logique de l'idée directrice, et dans son exposition, souvent vraiment brillante. Dans toutes les formes juridiques qui se rapportent à son sujet, Lassalle poursuit la pensée suivante : le droit d'héritage romain a pour base la perpétuité de la volonté subjective du testateur ; par contre, dans le droit d'héritage chez les anciens Germains, dans le droit d'héritage sans testament, *ab intestat*, c'est l'idée de la famille qui est directrice. Il serait donc illégitime de prétendre, comme on l'a fait, que le droit romain est le vrai droit familial. En ce sens et en général, c'est exact. Mais c'est ici que nous découvrons le défaut du travail de Lassalle. Sa dialectique, si avisée qu'elle soit, n'est toute que de surface. Il la fouille, il est vrai, sans se lasser ; aucune parcelle n'en reste inexplorée. Mais il néglige totalement le fond. D'où vient que le droit romain exprime la perpétuité de la volonté subjective? De l'idée romaine de l'immortalité, du culte des Lares et des Mânes. D'où vient que le droit germanique soit un droit familial? De « l'idée germanique de la famille. Qu'est-ce que l'idée romaine d'immortalité? La persistance de la volonté subjective. Qu'est-ce que l'idée germanique de la famille ? « L'identité morale des personnes qui a pour base substantielle... l'unité affective de l'esprit ou l'amour (1). » Nous sommes aussi avancés qu'auparavant. Nous tournons dans un cercle d'idées et de notions, mais nous n'obtenons aucun éclaircissement. Nous ne savons pourquoi cette idée ici, et là cette notion peuvent jouer le rôle qui leur est départi. Jamais on ne cherche à expliquer par leurs conditions d'existence réelles les conceptions et les définitions juridiques des Romains et des Germains. L'origine dernière du droit est toujours

(1) *Système des droits acquis*, t. II, p. 480.

« l'esprit national ». Lassalle tombe ainsi dans la même
faute qu'il blâme d'autre part avec justice chez les
philosophes du droit. Il distingue, il est vrai, entre
l'esprit national des Romains et des Germains, mais il
néglige tout le développement historique qui a pu se
produire chez le peuple romain. Il imagine un « esprit
national romain » valable une fois pour toutes —
pendant les mille ans qui se sont écoulés depuis la
fondation de Rome jusqu'au démembrement de l'Empire
romain — qui serait à « l'esprit national germanique », également imaginaire, comme la volonté est à
l'amour (1). »

Cependant il ne faut pas oublier qu'à l'époque où
Lassalle écrivait son *Système des droits acquis*, les
études historiques proprement dites, portant sur l'origine
et le développement de la société germanique et de la
préhistoire germanique étaient encore bien incomplètes.
Les historiens de profession n'y voyaient pas trop clair.
Aussi peut-on moins lui reprocher d'avoir donné une
solution fausse de la question que de l'avoir mal posée.

Une réponse juste n'était pas encore possible. Seules
les études des ethnologues et surtout les découvertes
de Morgan sur la parenté du sang qui font époque ont
suffisamment éclairé l'évolution préhistorique des divers
peuples. Grâce à elles nous savons maintenant pourquoi
les Romains sont entrés dans l'histoire avec un droit
d'héritage tout différent de celui des tribus germaniques
de l'époque de Tacite. Ceux-ci étaient alors sur le point
de s'élever de l'état moyen à l'état supérieur de la
barbarie. Le passage du matriarcat au patriarcat, du
mariage par accouplement à la monogamie ne s'était pas
encore complètement accompli. Ils vivaient encore en
associations gentilices, fondées sur la parenté du sang.

(1) *Système des droits acquis*, t. II. p.), note 3.

Le communisme primitif prédominait encore. Un droit d'héritage ayant pour base la volonté subjective était donc de toute impossibilité. Pas plus que la parenté du sang, « l'amour », invention beaucoup plus moderne encore, n'a rien à voir avec le droit d'héritage, chez les anciens Germains. Chez les Romains, avant même l'abolition de la royauté, l'ordre social fondé sur les liens du sang, sur les liens personnels, avait fait place à une nouvelle constitution réelle, basée sur la répartition des terres et sur la différence des fortunes (1). Propriété privée du sol, dissolution des communautés fondées sur la consanguinité en tant qu'unités économiques, telles sont les bases et l'origine du testament romain. Il n'est pas le produit spécial de l'esprit national romain, c'est le produit de l'évolution qui a créé cet esprit national romain, l'esprit qui inspirait les Romains de l'époque des XII Tables (2). Ils entouraient le testament d'une certaine solennité. Nous n'en sommes nullement autorisés à représenter le testament comme un acte où le symbole — la transmission de la volonté — serait le principal, et son contenu substantiel — la transmission de la fortune — un pur accessoire. A un certain degré de culture et même à une époque de civilisation déjà avancée les peuples entourent en général tous les actes économiques importants de formes religieuses. Rappelons pour exemple la solennité qui accompagnait la répartition des terres, la consécration des marques limitant les propriétés. Que dirait-on d'un historien qui verrait dans le culte des Termes l'émanation de la nature propre de l'esprit national romain, l'expression d'une idée

(1) Cf. F. ENGELS. *Der Ursprung der Familie, des Privateigenthums und des Staats, im Anschluss von Lewis H. Morgan's Forschungen.* 1re éd., p. 93.

(2) Vers 450 a. J.-C.

spécifiquement romaine, où les champs limités seraient
l'accessoire et la notion de fini le principal ? Que
dirait-on d'un historien du droit qui voudrait réduire
l'origine de la propriété foncière à Rome au culte du
dieu Terme ? Et cependant, c'est exactement ce que fait
Lassalle quand il fait du culte des Mânes et des Lares
l'origine du testament chez les Romains, et voit dans la
mythologie romaine sa raison dernière.

Il arrive ainsi, en dépit de la logique et de l'histoire,
que, si la loi des XII Tables, en cas d'absence d'un
héritier testamentaire, attribue la succession aux agnats
les plus proches, et au cas où il n'y aurait point d'agnat,
à la gens, cela prouve que le testament est, historiquement, apparu le premier, que l'héritage *ab intestat*
n'a été institué que plus tard et subsidiairement. En fait,
la loi des XII Tables, bien qu'elle renverse l'ordre,
traduit précisément la suite réelle du développement
historique. Elle constate d'abord le principe juridique
nouvellement introduit, la liberté de tester. Elle recon-
naît que celui-là doit hériter à qui le testateur a attribué
la succession par testament. Mais s'il n'existe pas de
testament, le droit antérieur rentre en vigueur, l'héritage primitif *ab intestat* : hérite d'abord l'agnat le plus
proche, puis la gens, l'association primitive fondée sur
la consanguinité. L'institution historiquement la première apparaît en dernier lieu sur les XII Tables, parce
que la plus ancienne est la plus large et constitue naturellement l'instance dernière. Par contre, la construction
de Lassalle est très artificielle. Ce qui nous le prouve,
c'est que, pour maintenir sa théorie de l'héritage fondé
sur la « notion de volonté », il se voit obligé de prétendre
que « l'idée de consanguinité, entendu en un sens physique quelconque, ne s'attache jamais aux agnats (1). »

(1) *Syst. des dr. acquis,* T. II, p. 339.

Pour lui, les agnats sont la communauté de personnes unies par le lien de la violence, c'est-à-dire de la loi de l'Etat (1).

En anciens hegeliens croyants, les anciens Romains, abstraitement conséquents, ont réalisé cette « proposition profonde de la logique spéculative » : la volonté de l'individu non-exprimée est la volonté générale « qui a pour contenu la volonté générale du peuple, ou l'Etat dont l'organisation la réalise (2). » Le testament, la liberté de tester est *plus ancien que l'Etat romain*, mais l'héritage *ab intestat* a été institué par l'Etat; un beau jour, celui-ci institue agnats et gens héritiers subsidiaires, en se fondant non sur l'identité d'origine, mais sur leur qualité d'organes de l'ordre public, d'organes de l'identité de volonté.

Nous le savons aujourd'hui, la marche suivie a été inverse. Ce n'est pas l'Etat qui a conféré à la *gens* des droits qu'elle ne possédait pas auparavant. Tout au contraire, il a dépouillé la *gens* successivement de tous ses droits, de toutes ses fonctions, a restreint de plus en plus ses offices. Seule la dissolution de la *gens*, ses divisions internes ont permis à l'Etat d'exister, et dans l'Etat et avec l'Etat à la liberté de tester de s'introduire.

Lassalle ne connaissait pas la *gens* dans le sens ethnologique du mot, comme association préhistorique de parenté. Aussi, comme tous les jurisconsultes qui en même temps que lui ou avant lui ont écrit sur l'héritage primitif chez les Romains a-t-il abouti nécessairement à de fausses conclusions. Mais au lieu de se rapprocher de la vérité, comme ses prédécesseurs, il s'en éloigne beaucoup plus. Occupé à tirer les objets de l'idée spéculative, il s'interdit toute possibilité d'en connaître les

(1) *Ibid.* T. II, p. 323.

(2) *Syst. des dr. acquis*, T. II, p. 323.

rapports réels. Le célèbre professeur de droit Édouard Gans — pour le dire en passant, un hegelien lui aussi — avait posé l'héritage *ab intestat* et l'héritage par testament comme deux idées antagoniques, n'ayant aucune parenté intellectuelle. Il avait essayé de les expliquer par une différence historique, la différence d'origine des patriciens et des plébéiens. Si cette explication est fausse, l'idée qui lui sert de base est parfaitement exacte : il s'agit en effet ici d'une contradiction essentielle des notions juridiques opposées, nées sur des terrains historiques différents. Mais Lassalle l'accuse précisément de retomber dans la faute de l'école historique, « il lui reproche de supposer donné historiquement, extérieurement, ce qu'il faut d'abord déduire de l'idée (1). »

A la page suivante il déclare qu'il y a erreur fondamentale à croire avec d'autres juristes que le droit d'héritage *ab intestat* des Romains soit un vrai droit familial. En fait, il n'est pas autre chose. Seulement la famille dont il s'agit ici ne se confond pas avec la famille romaine, c'est une association plus étendue fondée sur les liens du sang (2).

Nous n'insisterons pas davantage sur ce point. Mais ce que nous venons de dire suffit à prouver que la

---

(1) *Syst. des dr. acquis*, T. II, p. 318.

(2) D'ailleurs, les Romains eux aussi ne désignent pas seulement par le terme « familia » l'association domestique placée sous l'autorité d'un même chef, ils l'appliquent également à une union plus ou moins lâche du groupe gentilice. Dans un passage d'Ulpien, que Lassalle cite, on distingue expressément entre la « familia » entendue au sens étroit *(jure proprio)* et la « familia » entendue au sens large *(communi jure)*. A cette dernière appartiennent tous ceux qui proviennent de la même maison et de la même « gens » (Cf. *Système*, II, p. 343). Pour Lassalle c'est une preuve de plus que l'héritage *ab intestat* des Romains n'est pas un héritage familial. « Car, dit-il, personne ne s'avisera de présenter le droit d'héritage du groupe gentilice comme un droit d'héritage familial. »

construction de Lassalle élevée avec tant d'art repose sur une base insoutenable. La démonstration est conduite jusqu'au bout avec la logique la plus serrée. L'analyse est fine et spirituelle. Le commentaire frappe souvent très juste. Mais ce que Lassalle voulait précisément prouver dans tout son ouvrage au sujet du droit romain n'est pas établi. L'idée romaine d'immortalité n'est pas la base, mais l'aspect idéologique du testament. Elle explique ses formes, mais non son contenu. Celui-ci subsiste même quand le fond religieux disparaît. Et ce sont précisément les nombreuses formes et formalités dont les Romains faisaient dépendre la validité du testament qui montrent, à notre avis, que le testament n'est pas comme Lassalle le pense, l'institution primitive, mais au contraire l'institution postérieure qui, vraisemblablement — comme ce fut le cas chez les Allemands quand ils eurent adopté le droit romain — resta longtemps l'exception tandis que l'héritage *ab intestat* constituait encore la règle.

Mais que penser de l'application que Lassalle fait de sa théorie quand il prétend que le testament ne peut être compris que par l'idée romaine d'immortalité — de la persistance de la subjectivité de la *volonté* après la mort, qu'au point de vue abstrait il vit et meurt avec elle? L'idée romaine de l'immortalité de la volonté ayant fait place à l'idée chrétienne de l'immortalité *spirituelle*, de l'immortalité de l'esprit non plus appliqué au monde extérieur, mais « retiré en soi », le droit moderne en matière de testament ne serait-il, comme Lassalle le déclare, qu'un grand malentendu, une « impossibilité théorique — complète? » (II, 494). Nous sommes ainsi conduit à examiner la première partie de l'œuvre de Lassalle, dont la seconde si bien délimitée qu'elle soit ne forme pour ainsi dire qu'un appendice.

La première partie du *Système des droits acquis*

porte en sous-titre *Théorie des droits acquis et de la collision des lois*. Lassalle cherche à établir un principe scientifique qui permette une fois pour toutes de fixer dans quelles limites et dans quelles conditions les lois peuvent avoir un effet rétroactif sans violer l'idée même de droit. En d'autres termes, quand une nouvelle loi ou un nouveau droit et une loi ancienne ou un ancien droit sont en conflit, en collision, est-ce le premier ou le dernier qui doit l'emporter, quand doit-on respecter réellement un droit parce qu'il est « acquis », quand doit-il être soumis sans plus à la rétroactivité ?

Dans la réponse qu'il fait à ces questions, le défaut que nous avons reproché plus haut à la méthode d'investigation de Lassalle se fait moins sentir. Toutes ses qualités, au contraire : profondeur de la pensée abstraite, intelligence du moment historique, — dans les limites que nous avons posées, — unies à l'audace révolutionnaire avec laquelle il suit une idée jusque dans ses dernières conséquences, toutes ces qualités sont poussées jusqu'à leur complet développement. Le résultat est bien plus satisfaisant que celui de l'étude du droit d'héritage chez les Romains. Quel que soit le prix que l'on attache à la discussion de semblables thèmes de la philosophie du droit, on ne peut contester que Lassalle tranche la question de telle façon que le juriste, comme le révolutionnaire, y trouvent leur compte. Et c'est là certainement un résultat considérable. Lassalle pose comme prémices les deux propositions suivantes :

a) « Aucune loi ne peut rétroagir qui atteint l'individu seulement par l'intermédiaire de l'action de sa volonté. »

b) « Toute loi doit rétroagir qui atteint l'individu sans l'intervention d'un acte libre, qui le frappe directement dans ses qualités involontaires, d'une façon générale dans ses qualités humaines ou naturelles ou conférées par la société, ou ne le frappe que parce qu'elle modifie la société dans ses institutions organiques. »

Par exemple, une loi qui modifie les droits civils ou politiques des citoyens d'un pays entre aussitôt en vigueur, mais ne frappe pas les actes commis en vertu des droits dont ils jouissaient antérieurement, même si cette nouvelle disposition les en prive. Si, aujourd'hui, une loi venait à élever l'âge de la majorité de vingt-et-un à vingt-cinq ans, toutes les personnes ayant plus de vingt-et-un et moins de vingt-cinq ans se verraient privées de la capacité attachée à la majorité dont ils jouissaient jusqu'à présent : ils ne la possédaient pas en effet par un acte de leur volonté individuelle. Mais la nouvelle loi ne rétroagit pas sur les actes juridiques conclus avant la promulgation de la loi en se fondant sur la majorité qui leur avait été jusqu'alors reconnue. Seul le droit réalisé par l'activité personnelle, par l'action de la volonté de l'individu est un droit acquis.

Mais même le droit acquis par l'acte volontaire d'un individu n'échappe pas toujours à la rétroactivité. « L'individu ne peut se ménager et ménager à autrui des droits que dans la mesure et pour le temps où les lois existantes les considèrent comme admis (1). » Dans chaque contrat, il faut « dès l'origine supposer tacitement cette clause que le droit qui y est stipulé pour soi ou pour autrui ne peut être valable que pendant le temps où la législation le considérera comme admissible (2). »

« L'unique source du droit, explique Lassalle, est la conscience commune de toute la nation, l'esprit général. » Par l'acquisition d'un droit, l'individu « ne peut donc jamais vouloir se soustraire à l'effet de la conscience juridique générale. Seul pourrait s'y dérober un individu

(1) *Système*. I, 163.

(2) *Ibid.* I. 164.

qui, si cela pouvait se concevoir, ne voudrait jamais ni
acquérir, ni exercer, ni posséder un droit (1). »

« L'individu ne peut planter la borne sur le terrain
du droit et s'appuyer sur elle pour se proclamer souve-
rain pour tous les temps et à l'encontre de toutes les
lois prohibitives ou coërcitives que nous ménage
l'avenir (2). »

C'est uniquement cette souveraineté personnelle
de l'individu que l'on revendique au fond quand on
demande « qu'un droit acquis conserve sa valeur quand
des lois prohibitives cessent de l'admettre. » Ainsi donc,
quand « dans son développement, l'esprit public en est
venu à abolir un droit antérieur, servage, servitude,
corvée, banalité, services et redevances de certaines
natures, droit de chasse, exemptions d'impôts, successions par fidéi-commis », on ne peut « en aucune façon
prétendre qu'il lèse des droits acquis. » Ainsi les décrets
rendus dans la célèbre nuit du 4 août, par lesquels
l'Assemblée Constituante abolit tous les droits d'origine
féodale « étaient indemnes de toute violation du droit et
de toute rétroactivité. » Il n'y avait là rien à indemniser.
« Admettre le droit à une compensation, continue
Lassalle justement, quand le contenu du droit aboli est
déjà prohibé par la conscience publique, est déjà considéré par elle comme contraire au droit, signifierait
« logiquement que l'on confère à des classes ou à des
individus le droit d'imposer à l'esprit public un tribut
dont il paierait son développement. » Il ne pourrait être
question d'indemnité que si ce n'était pas le rapport
juridique lui-même qu'on abolissait, mais seulement
quelques espèces déterminées, que si l'on transportait
non une classe particulière d'objets juridiques, mais

(1) *Ibid.* I, 165.

(2) *Ibid.* I, 166.

quelques exemplaires seulement de celle-ci de la sphère
du droit privé dans celle du droit public. C'est ce principe, comme il le prouve, qu'ont constamment observé
les assemblées françaises depuis 1789 et cela avec la
vraie logique de l'idée tandis que la loi prussienne du
2 mars 1850 sur la réglementation et le rachat des
rapports entre seigneurs fonciers et paysans n'est, dans
toute une série de ses dispositions, « qu'une violation
du droit commise en dépit de la conscience juridique
elle-même, au détriment des classes les plus pauvres et
au profit des nobles, propriétaires fonciers, c'est-à-dire
logiquement, n'est qu'un vol (1). »

(1) Lassalle parle aussi sévèrement de la façon dont, en Prusse, à
l'occasion de la suppression des exemptions de l'impôt foncier, on a
arraché des indemnités à la représentation nationale. « Quand un
gouvernement, écrit-il à propos d'un projet déposé en 1859 par le cabinet
prussien et stipulant de semblables compensations, a la faiblesse incon-
cevable de faire une pareille proposition, il renonce en principe à la
souveraineté de l'Etat, et si une Chambre oubliait assez son devoir pour
l'adopter par égard pour cette faiblesse, elle agirait avec beaucoup plus
de logique en proclamant à nouveau que la nation est la serve des seigneurs fonciers (I, 219). Qu'aurait-il dit si quelqu'un lui avait répliqué
que, trente ans plus tard, de semblables « faiblesses », un pareil « oubli
du devoir » seraient encore considérés en Prusse comme des institutions
nationales ? Certes, Lassalle était encore assez naïf pour croire que quand,
en Angleterre, les droits sur les blés furent abolis, les tories n'auraient pas
eu « l'imprudence » de faire de leurs acquisitions — sans valeur désormais — un droit à un dédommagement (I, 208). Si Lassalle vivait encore
de nos jours, il aurait appris que ce qui manquait aux tories en 1846
n'était pas autre chose que « le vrai christianisme pratique », le même
qui, dans l'Allemagne moderne, demande des droits protecteurs sur les
céréales, des lois qui rivent l'ouvrier agricole au sol du propriétaire, et
autres mesures semblables, comme étant le droit « divin » du grand
landlordisme. Mais, ô ironie de l'histoire ! le soin de veiller à la réédition
du *Système des droits acquis* est revenu à M. Lothar Bucher, le fidèle
lieutenant du prince de Bismarck, un vrai virtuose dans l'art de se faire
des droits à des dédommagements, en dépit de l'opinion publique. Vraiment, nous espérons que ses « occupations professionnelles » n'empê-
cheront pas M. Lothar Bucher, l'héritier littéraire de Lassalle, de prouver
dans une édition ultérieure que le *Système des droits acquis* aurait pu
être utilisé ou appliqué dans les débats parlementaires de ces dernières
années (cf. Préface de Lothar Bucher pour la seconde édition).

Le conservateur M. Stahl, professeur de droit, avait écrit que nulle époque n'est justifiée à faire le procès du passé et à abolir ou à reconnaître les droits qui y ont leur source suivant qu'on les tient ou non pour convenables. Lassalle lui réplique que si la première partie de sa proposition est très exacte, la seconde est parfaitement fausse. De la première il suit que toute époque est autonome, qu'aucune n'est subordonnée à une autre, qu'aucune « n'est donc tenue en droit de laisser encore en vigueur ce qui choque sa conscience juridique, et ce qu'elle pourrait considérer comme injuste et non juste (1). » Mais il n'est pas absolument indispensable, poursuit-il, qu'un peuple exprime sa nouvelle idée juridique, sa nouvelle volonté, par des mots, par l'organe de la représentation nationale, par exemple.

« Car la notion de droit exige seulement que l'esprit national ait posé dans la sphère juridique, c'est-à-dire dans le domaine de la réalité, une idée comme objet de sa volonté. Mais, dans certaines circonstances, cela peut se faire tout aussi énergiquement, tout aussi précisément que par des paroles, par exemple par le renversement matériel d'un état juridique, entrepris par un peuple (2). » On rencontre déjà ce principe chez les jurisconsultes romains. La législation française, pendant et après la Révolution, l'a confirmé. L'histoire a donné raison à la Convention ; même réactionnaire, elle a dû ratifier l'acte de cette Assemblée datant la Révolution française, dans ses résultats juridiques, du 14 juillet 1789, de la chute de la Bastille. Et Lassalle s'étend sur des cas analogues survenus en Prusse. Il démontre qu'à l'encontre de la jurisprudence française, la Cour suprême de Prusse, après avoir, à diverses reprises, reconnu la nouvelle conscience

(1) *Système.* I, 173.

(2) *Ibid.* I, 380.

juridique créée par la révolution de mars 1848, et expressément formulée dans la constitution prussienne (même dans la constitution octroyée, grâce à des artifices, a mis de côté le principe que « tous les Prussiens sont égaux devant la loi, et les privilèges abolis », a rétabli les privilèges de classe, bref s'est conduit comme une vraie convention de réaction. Quatre ans après l'apparition du *Système des droits acquis*, cet extraordinaire tribunal, dans sa fameuse interprétation de l'article 84 de la constitution prussienne, a montré à ces « idiots » de libéraux combien il méritait le titre que lui donnait Lassalle.

Nous l'avons vu : les droits acquis doivent d'abord se produire par l'intermédiaire d'actions volontaires individuelles et en second lieu s'accorder avec l'esprit national *(Volks-Geist)*. Telle est brièvement exposée la théorie des droits acquis. Ainsi donc quand, dans la loi du 17 nivôse an II (6 janvier 1794), la Convention décidait que ses prescriptions supprimant les fidéi-commis s'appliqueraient à toutes les successions ouvertes depuis le 14 juillet 1789, elle ne contrevenait nullement, suivant Lassalle, au principe des droits acquis. Au contraire, c'est avec raison que le 22 ventôse de la même année, cette Assemblée, en répondant à de nombreuses pétitions, allègue que la loi ne fait que « développer les principes proclamés précisément en ce jour, le 14 juillet 1789, par une grande nation qui reconquérait ses droits », mais que le principe de rétroactivité n'était même pas en question. Il y aurait eu rétroactivité si l'on avait dépassé ces limites, si la loi s'appliquait aux héritages ouverts avant cette date.

Pour en revenir à la question du droit d'héritage, nous voyons maintenant clairement où Lassalle voulait en venir avec ses études sur l'héritage romain et sur l'héritage germanique. L'héritage romain, fondé sur le testament et sur la succession *ab intestat* non de la famille, mais de « groupes dans lesquels était incorporée une commune volonté » était, à Rome, un droit acquis. Il répondait, en effet, à l'esprit national des Romains, à la « substance » de la nation romaine, en un mot à l'idée de l'immortalité du sujet doué de volonté. De même le droit d'héritage des anciens Germains, le droit *ab intestat* de la famille, était un droit acquis. Il répondait, en effet, à l'idée de l'esprit national des Germains, à la famille qui, fondée sur « l'identité morale des personnes » a pour base substantielle l'unité de l'esprit consciente d'elle-même ou l'amour. La famille hérite parce que la propriété n'est qu'une propriété de famille. Mais, actuellement, la propriété étant devenue purement individuelle, la succession *ab intestat* repose non plus sur la famille héritant de plein droit, « non sur la famille qualifiée pour le faire par la volonté présumée du défunt, mais sur la famille considérée comme institution d'Etat », sur la « volonté générale de l'Etat appelée à régler toutes les successions (1). » Le cas est le même dans l'héritage testamentaire. Nous avons vu qu'il est aujourd'hui « une impossibilité théorique absolue ». Ni la succession *ab intestat*, ni l'héritage par testament ne sont maintenant des droits naturels ; ils constituent une réglementation des successions dans l'intérêt de la société. Et Lassalle termine son œuvre en rappelant Leibnitz qui, bien qu'il n'ait pas entendu le testament en son vrai sens, n'en a pas moins prononcé cette phrase profonde : « Testamenta vero mero jure nullius essent momenti, nisi anima esset immortalis (2). »

Avons-nous besoin d'indiquer ici plus clairement ce

(1) *Système*, II, 5oo.

(2) Mais les testaments seraient, en droit strict, de nul effet, si l'âme n'était pas immortelle.

que voulait dire Lassalle quand, discutant le jugement de Hegel sur le testament, il s'écrie : Et peut-être bientôt verra-t-on que de notre exposé objectif découlent naturellement des conclusions encore plus radicales touchant le droit testamentaire moderne ? (1) Ce qui ne repose pas sur un droit naturel, ce qui n'est qu'une institution de l'Etat peut être, à tout moment, modifié, restreint ou supprimé même par l'Etat ou par la société si l'intérêt de celle-ci paraît le réclamer. Et quand Georges Brandès, et d'autres après lui disent n'avoir pas trouvé dans tout le *Système des droits acquis* une seule ligne qui indique l'application de la théorie lassallienne de l'héritage à la pratique, on peut, sans crainte, se ranger à leur avis. Ce n'est pas une seule ligne, non, c'est tout l'ouvrage, aurait dit Lassalle, qui demande hautement cette application.

N'est-ce pas ce qu'entendait Lassalle au début de sa préface quand il disait que si, dans la présente œuvre, il avait rempli la tâche qu'il s'était imposée, le résultat en devait être à tout le moins d'avoir conquis par la science juridique la pensée philosophique et sociale qui sert de base à toute notre période historique ?

Mais Lassalle a-t-il rempli sa tâche ?

Pour ce qui est de sa théorie des droits acquis, l'idée sur laquelle elle repose paraît être aujourd'hui adoptée d'une façon assez générale. Nous ne savons vraiment ce que, même du côté conservateur, on pourrait encore objecter à Lassalle, alors qu'en 1866, par exemple, le droit propriétaire de différentes familles a été déclaré caduc parce qu'il frappait de division l'esprit national allemand, bien qu'il eût été « acquis » par des actes de volonté individuelle.

L'application de la théorie de Lassalle prête plus à

(1) *Système.* II, 487.

réflexion si l'on tient pour valable l'exemple qu'il donne du droit d'héritage chez les Romains et chez les Germains. Nous avons, plus haut, établi la cause de sa faiblesse. Nous n'avons pas besoin d'y revenir. Lassalle déduit le droit d'héritage de l'esprit national spécifique. Si l'on ne peut nier qu'il y ait une liaison intime entre le système d'héritage et l'esprit national, il n'y a cependant pas là une relation de cause à effet. Le système d'héritage et l'esprit national représentent bien plutôt deux effets d'une seule et même cause plus profonde, ou d'un groupe de causes. Tous deux sont en dernière instance le produit ou l'expression des conditions matérielles d'existence d'une nation à une époque, ils en découlent et se modifient avec elles ; par exemple, le droit d'héritage change dès qu'il est incompatible avec les conditions matérielles d'existence d'une nation. « L'esprit national » découvre alors que ce système d'héritage ne s'accorde plus avec sa conscience juridique. Il en est ainsi de toutes les autres institutions de cette espèce. « L'esprit national » ne semble que décider de la durée d'une institution ; en fait, il ne joue que le rôle d'huissier. Ce sont les conditions matérielles d'existence d'une nation, la façon dont elle produit les objets nécessaires à ses besoins qui sont réellement déterminantes (1).

Mais comment Lassalle finit-il par aboutir à une théorie si foncièrement erronée, dépassant en fausseté les erreurs des anciens juristes et des anciens philosophes du droit ? La raison en est, qu'avec une logique de fer,

---

(1) Il ne faut pas se représenter ce rapport d'une façon trop mécanique. En vertu de la loi d'action et de réaction, les conceptions religieuses, juridiques, etc., bref tout ce que l'on entend par « esprit national » peuvent, de leur côté, exercer une grande influence sur la forme des rapports de production, dans certaines limites toutefois, ils peuvent, par exemple, arrêter ou ralentir leur développement. En fin de compte, ce sont toujours les hommes qui font leur propre histoire. Mais il s'agit ici des causes dernières qui sont à la base de l'évolution historique.

il est vrai, mais d'autant plus pernicieuse pour son étude, du début jusqu'à la fin, il reste dans la sphère du concept juridique et philosophique. Les choses doivent s'expliquer par voie de déduction abstraite, la déduction abstraite doit dévoiler les lois de leur développement. Mais les choses ne sont pas dirigées par les abstractions. Elles ont leurs lois de développement propres.

Sans aucun doute, Lassalle était un jurisconsulte éminent. Il était originairement doué de dispositions extraordinaires, la lutte soutenue pendant des années contre les tribunaux dans le procès Hatzfeld avait encore plus puissamment développé ces avantages. Dès qu'il s'agit d'analyser une loi, de poursuivre un principe de droit jusque dans les dernières profondeurs, il est à son affaire, il brille vraiment. Mais sa force est aussi sa faiblesse. Le juriste l'emporte chez lui sur tout le reste. En général, il voit les problèmes sociaux avec l'œil d'un jurisconsulte. C'est ce que l'on peut déjà remarquer ici dans le *Système des droits acquis*, c'est ce qui forme le côté faible de cette œuvre. Il en sera de même plus tard dans sa propagande socialiste.

Suivant la préface, le *Système des droits acquis* devait être en même temps une critique de la philosophie de Hegel. Mais il ne la critique que sur des points accessoires. Il ne fait qu'un demi pas en avant. Au fond, il se place au même point de vue. La chose est d'autant plus remarquable que depuis longtemps déjà on avait indiqué ce qu'il fallait faire pour que la critique touchât au cœur même de la question. Des œuvres que Lassalle connaissait toutes, l'avaient montré. En 1844, Karl Marx, dans les *Deutsch-französische Jahrbücher*, dans un article intitulé « Critique de la philosophie du droit de Hegel », avait enseigné le chemin à suivre ; en 1846, dans sa *Misère de la philosophie*, il avait indiqué nettement la voie ; en 1847, Marx et Engels, dans le *Manifeste com-*

muniste, avaient fait une application de leur principe; enfin, dans la préface de son ouvrage paru en 1859, *Critique de l'économie politique* (1), Marx, rappelant expressément l'article dont nous venons de parler, écrivait : « Ma recherche — à laquelle cet article ne servait que d'introduction — m'amena à penser que les rapports juridiques et les formes politiques ne peuvent être compris par eux-mêmes, ni ne peuvent s'expliquer non plus par le soi-disant développement général de l'esprit humain (2)... » « Ce n'est pas la conscience de l'homme qui détermine son existence, mais son existence sociale qui détermine sa conscience (3). » Bien que Lassalle connût ce livre, quand il travaillait à son *Système des droits acquis*, bien qu'il se fût exprimé à son propos dans les termes les plus enthousiastes (4), son œuvre ne renferme pas une seule ligne que l'on pourrait rapprocher de ce qui précède. En faisons-nous reproche à Lassalle? Ce serait absurde au plus haut point. Nous nous en servons pour critiquer son point de vue, sa façon de concevoir les choses. A cette époque, il se plaçait encore sur le terrain idéologique et juridique. C'est ce que l'on remarque également dans les explications écrites qu'il eut avec Marx sur les théories soutenues dans son *Système*.

D'après ce que nous venons de dire plus haut, il va de soi que Marx devait aussitôt s'élever contre elles. Elles étaient, en effet, en contradiction directe avec son point de vue. Nous ne pouvons savoir qu'incomplètement

(1) Trad. française par L. Remy. Schleicher frères, éditeurs.

(2) *Critique de l'économie politique*, par KARL MARX. Trad. franç. de L. Remy. Schleicher frères, éditeurs, p. 3-4.

(3) *Ibid*, p. 5.

(4) Dans une lettre du 11 septembre 1860, il l'appelle « un chef-d'œuvre qui a provoqué chez lui l'admiration la plus profonde ».

par ces lettres ce qu'il opposait à Lassalle. Mais ce que
nous pouvons en apprendre, c'est que la discussion qui,
d'ailleurs, ne fut pas longtemps poursuivie, portait
essentiellement sur l'affirmation de Lassalle que le testament ne pouvait être compris que par la mythologie
romaine, par l'idée romaine d'immortalité, que de plus
le développement économique bourgeois n'aurait jamais
pu produire de lui-même le testament s'il ne l'avait pas
rencontré déjà dans le droit romain. Il est absolument
caractéristique de voir comment, aux questions de Marx
qui se rapportent à l'évolution économique, Lassalle
finit toujours par répondre par des raisonnements
idéologiques et juridiques. La différence fondamentale
des points de départ théoriques chez les deux penseurs
s'exprime d'une façon frappante dans cette correspondance sur laquelle nous ne pouvons nous étendre
davantage.

V

La lutte constitutionnelle en Prusse. — Lassalle
et le parti progressiste. — Le programme
des travailleurs

En 1860 et en 1861, Lassalle avait un vif désir de
fonder à Berlin un grand journal démocratique. Nous
avons vu précédemment ce qu'il pensait de la presse
libérale, et comme il aspirait à agir directement s. r
la marche des événements en Allemagne, Lassall
s'adressa donc entre autres à Marx en lui demandant
si, dans ce cas, Engels et lui seraient disposés à rentrer
en Allemagne et à publier avec lui un journal de cette
espèce.

« Dans mon avant-dernière lettre, écrit-il le 11 mars
1860 à Marx, je te demandais si, le roi venant à mourir
et l'amnistie étant proclamée, vous reviendriez tous les
deux en Allemagne pour y faire un journal ? Réponds-
moi, je te prie, à ce sujet. En ce cas, je nourris l'espoir,
très vague encore, il est vrai, et mal défini d'éditer (ici à
Berlin) un grand journal avec vous. Seriez-vous disposés
à revenir ? Combien un grand journal exigerait-il de
capital ? Suffirait-il d'un apport de dix mille thalers ? Ou
combien faudrait-il ? J'aimerais bien avoir ta réponse à
cet égard, car je pense volontiers à ce « château en
Espagne ». Dans les lettres suivantes, il revient à plusieurs reprises sur le même sujet, et le 19 janvier 1861,

quand l'avènement d'un nouveau roi eut réellement amené une amnistie, il écrit d'une façon plus pressante encore : « Je te pose encore une fois la question : 1° Combien faut-il de capital pour fonder un journal ici ? 2° Qui, des anciens rédacteurs de la *Neue rheinische Zeitung*, reviendrait ici éventuellement dans ce but ? »

Marx finit par céder aux instances de Lassalle et lui rendit visite à Berlin au printemps de 1861, mais le projet échoua. Tout d'abord, Lassalle posa une condition singulière. Il demanda que dans la rédaction il lui fut accordé une voix, et à Marx et à Engels une voix pour eux deux, parce que, sans cela, « il serait toujours en minorité ! » Puis, le gouvernement promulgua l'amnistie de telle façon que les réfugiés politiques qui avaient perdu leur qualité de sujets prussiens par suite d'un séjour de plus de dix ans à l'étranger, n'étaient nullement réintégrés de plein droit dans leur ancienne capacité. Leurs demandes devaient être traitées comme celles d'étrangers sollicitant leur naturalisation. Comme cette disposition atteignait la plupart des réfugiés, il dépendait du bon plaisir du gouvernement d'éloigner ceux dont le retour lui semblait peu désirable. Aussi, une demande de naturalisation, déposée par Lassalle en faveur de Marx, fut-elle repoussée dans toutes les instances, parce que, comme le disait la lettre du ministre *libéral* Schwerin, datée du 11 novembre 1861 et adressée à Lassalle, « au moins pour le moment, il n'y avait aucune raison spéciale de nature à admettre Marx au bénéfice de la naturalisation. » Marx ne pouvait donc plus espérer émigrer de Londres à Berlin.

Vers la fin de l'été de 1861, Lassalle fit avec la comtesse Hatzfeld un voyage en Italie qui, comme il l'écrivit à Marx, fut « très instructif » pour lui. Son séjour à Caprera auprès de Garibaldi présenta un grand intérêt. Il fit la connaissance de presque toutes les personnalités importantes des villes qu'il visita. Comme le prétend Bernhard Becker dans ses *Révélations sur la fin tragique de Ferdinand Lassalle* (1), Lassalle tenta de pousser Garibaldi à entreprendre une expédition de volontaires contre Vienne, et quoique Becker ne soit pas toujours scrupuleusement véridique, l'affaire semble avoir eu un fondement sérieux. Lassalle, influencé par l'ex-colonel garibaldien Rüstow, nourrissait l'idée d'une insurrection de toute l'Allemagne, ayant pour point de départ un mouvement révolutionnaire en Autriche. Et pourtant, pendant qu'il se lie, sans compter Garibaldi, avec tous les Italiens possibles, il lui suffit d'avoir entendu quelques propos calomnieux sur le compte du républicain et socialiste allemand Johann Philip Becker, révolutionnaire éprouvé qui avait bravement participé en 1849 au soulèvement badois, pour le déterminer à éviter celui-ci, et bien que Marx lui eût donné pour lui une lettre de recommandation. « La plupart des Italiens ne le connaissent nullement, écrit-il à Marx à propos de Becker, pour « l'informer ». Ceux qui le connaissent le tiennent pour un blagueur, pour un *humbug*. Il n'est bien qu'avec Türr, qui n'est qu'une créature napoléonienne, à la solde de l'empereur. » Aussi Lassalle a-t-il résolu de ne pas tenir compte de la lettre de recommandation de Marx. « Tu sais comme souvent à l'étranger c'est de nos compatriotes qu'il faut nous défier le plus. » Cependant le brave Jean Philippe n'était pas le premier bavard venu ; il avait à plusieurs reprises fait crânement son devoir d'homme pour la cause de la liberté. Lassalle aurait bien pu, sans déroger, se risquer à une entrevue avec lui. Quand, plus tard, il

(1) BERNHARD BECKER. *Enthüllungen über das tragische Lebensende Ferdinand Lassalle's.*

fonda l'*Association générale des ouvriers allemands*, il sut très bien trouver l'adresse de Becker (1).

Ce ne fut qu'au mois de janvier 1862 que Lassalle revint à Berlin. Il y trouva la situation politique totalement modifiée. La divergence entre le roi de Prusse et la bourgeoisie libérale s'était accentuée et était devenue un véritable conflit. Aux élections du commencement de décembre 1861, le timide parti constitutionnel avait été mis à l'écart par le parti progressiste de nuance un peu plus foncée. Ce dernier avait son origine dans une petite fraction de la Chambre, qui ne constituait qu'une faible minorité. Mais le parti progressiste n'était nullement homogène. Il se composait des éléments les plus divers : de grands bourgeois libéralisants se trouvaient aux côtés de petits bourgeois démocrates, d'anciens républicains à tendances socialistes confuses coudoyaient des hommes presque plus royalistes que le roi. Dans son entêtement bien digne d'un Hohenzollern, Guillaume I⁴ s'était brouillé avec tout le monde. Le parti féodal et la bureaucratie proprement dite tenaient seuls pour le gouvernement. Le parti progressiste disposait d'une forte majorité dans la Chambre et de presque toute l'opinion publique dans le pays. Des gens même qui avaient vu clair dans les dessous de ce parti et, nourrissant des idées plus avancées, n'avaient pas pu y adhérer, croyaient bon de ne pas lui faire de l'opposition, mais d'attendre pour voir comment il mènerait la lutte contre le gouvernement prussien.

Depuis quelque temps déjà, Lassalle était brouillé avec les principaux membres du parti progressiste à Berlin. Au début de 1860, il avait encore, dans une lettre

(1) Les chefs du mouvement italien connaissaient fort bien Becker. C'est ce qui résulte d'une lettre que Mazzini lui adressa en juin 1861. Cf. R. Russo, *Extraits des papiers de Joh. Ph. Becker*, dans la *Neue Zeit*, 1888, p. 458 et suivantes.

à Marx, rompu une lance en faveur de la *Berliner Volkszeitung*. Il l'avait appelé « un journal qui, d'une manière générale, pendant toutes ces dernières années, avait défendu et défendait encore le point de vue démocratique, bien qu'il l'eût fait fréquemment avec moins de courage qu'il n'eût été nécessaire et avec moins de logique qu'il n'eût fallu, en dépit des entraves qui jugulaient la presse. » Il avait déclaré « aussi fausse au point de vue théorique que nuisible au point de vue pratique » toute autre politique que celle soutenue en 1848 par la *Neue rheinische Zeitung* contre les organes et les partis des « révolutionnaires bleus ». « Vis-à-vis des partis appartenant à la démocratie *vulgaire* et de leurs diverses nuances, nous devons maintenir aussi bien l'*identité* que la *différence* de notre point de vue révolutionnaire. Il sera temps de ne faire ressortir la différence que lorsqu'ils seront victorieux. » Si, à Londres, le parti a été amené à identifier les journaux et les partis « révolutionnaires bleus » aux journaux et aux partis réactionnaires, « je déclare alors décidément que je ne puis me joindre à cette évolution : bien plus, je la combattrai partout *à outrance.* »

Dans une lettre du 19 janvier 1861, il annonce cependant à Marx qu'il a saisi l'occasion que lui fournissait le refus opposé par la *Volkszeitung* à la publication d'une correspondance assez longue contre la *Nationalzeitung*, pour rompre avec son éditeur, Franz Duncker. « Je veux dire rompre nos relations, car il n'y eut jamais autre chose entre nous. Je saisis le prétexte, voilà tout ; c'est plus encore une occasion désirée qu'une véritable raison. Depuis longtemps, j'en étais venu à voir la nécessité de cette rupture. Aucune relation n'est possible avec ces poules mouillées ; je vais donc mettre à profit cet incident pour cesser tout rapport avec lui, ce que j'aurais déjà fait depuis longtemps du reste, si je n'avais été retenu jusqu'ici par un excès de bienveillance naturelle. »

Au point de vue politique c'est assez compréhensible, mais les relations personnelles de Lassalle avec Duncker doivent avoir été bien plus intimes qu'elles n'apparaissent ici. Les deux hommes se tutoyaient et lorsque Lassalle eut achevé son ouvrage sur le *Système des droits acquis* il en parla dans une lettre, du reste fort intéressante, à Duncker d'une manière qui laisse supposer une assez grande identité d'idées. « Je crois avoir, y dit-il, réussi à faire ressortir le principe de révolution sociale. » Il est vrai que dans la préface du *Système des droits acquis*, datée du 27 mars 1861, nous trouvons dans un passage des attaques assez directes dirigées contre les « défenseurs de la bourgeoisie libérale » qui entendent ce qui a trait à la politique d'une façon si superficielle, si plate, si absurde, si bornée qu'ils sont forcés de se perdre dans les mots et de combattre sur des mots, avec des mots et pour des mots. » Mais cela vise le parti des libéraux du centre, les *Alt-Liberale*, pendant que Duncker appartenait au parti des radicaux-démocrates, et bien longtemps après sa rupture avec Duncker, Lassalle n'en continuait pas moins à rester en relation avec d'autres progressistes et d'autres membres de l'Association nationale. A Berlin même, cette rupture n'avait eu d'autre conséquence que de faire entrer dans son entourage des personnalités de plus en plus douteuses. Sauf quelques hommes de science véritable et de bon aloi, des élégants fort ordinaires comme le baron Korff, gendre de Meyerbeer, ou des artistes faisant montre de radicalisme, comme Hans de Bülow, et quelques autres du même acabit, pouvaient se flatter d'être reçus dans l'intimité de Lassalle (1).

(1) Les lettres de Lassalle à Hans de Bülow ont paru en librairie vers

Dans sa « Justification », Mme Hélène de Racowitza dépeint, sans y mettre d'intention maligne, mais par cela même d'une façon d'autant plus impressionnante, la société très mêlée et en partie très corrompue où se complaisait Lassalle, quand au commencement de 1862 elle fit la connaissance de celui-ci. Voici ce que quelques mois plus tard, le 9 juin 1862, Lassalle écrit à Marx au sujet de l'avocat Hiersemenzel dans la maison duquel eut lieu sa première entrevue avec Hélène et dont « la charmante femme aux boucles blondes » donnait Lassalle pour « un des amis les plus intimes de son mari » : « Soit dit en passant, j'ai rompu pour toujours avec ce très vulgaire brochet de Hiersemenzel », et il ajoute d'une façon très caractéristique : « Ne va pas croire toutefois que c'est sa femme qui est la cause de cette rupture. »

L'amitié de Lassalle et de Lothar Bucher qui, après l'amnistie, était rentré en Allemagne et s'était fixé à Berlin, fut de plus longue durée. Bucher n'était certes pas un « brochet », mais il appartenait à un tout autre groupe... zoologique. « Poisson sans arêtes » l'appela un jour ironiquement Rodbertus dans une lettre à Rodolphe Meyer.

Une lettre de Bucher à Lassalle remontant au 19

1880 (Dresde et Leipzig, H. Minden). La plaquette est aussi mince que la forme en est négligée. Dans la préface, un passage d'une lettre de Heine sur Lassalle est attribué au prince Pückler-Muskau. Les lettres ne sont pas même rangées par ordre chronologique. Le prétexte probablement est que Lassalle ne datait pas ses lettres. Cependant, pour la plupart d'entre elles, leur contenu permet de fixer aisément la date à laquelle elles ont été écrites. L'une de ces lettres parle de la « composition géniale de Salinger. L'éditeur, qui a reçu les lettres des mains mêmes de Hans de Bülow, met en note « Hymne ouvrier de Herwegh ». Or, on n'indique nullement que Salinger, ou plutôt Solinger, est le pseudonyme de Hans de Bülow. Quel sentiment interdit donc à l'inspirateur de cette publication de dire son nom ? Modestie peut-être, ou bien remords ?... [Écrit en 1891 lorsque Bülow vivait encore.]

janvier 1862 et publiée dans la *Berliner Freie Presse*
vers le milieu du mois de juillet 1878, nous apprend
aussi que Lassalle avait rapporté d'Italie des plans
passablement aventureux. Bucher qui, à cette époque,
avait de nombreuses raisons de « haïr cet ancien
monde », « étant encore alors un simple particulier »,
comme il le dit par périphrase dans la préface de la
deuxième édition du « *Système des droits acquis* »,
quand il fut devenu « conseiller intime », rappelle une
discussion survenue entre Lassalle et lui le soir précédent ; il expose qu'il tient pour possible de jeter bas
l'ordre — ou le « désordre » — existant alors en Allemagne, mais non de le maintenir par terre. En d'autres
termes, il explique que les temps ne sont pas encore
mûrs pour une révolution sociale. « Et puis, considérez
aussi ceci : en France, tout mouvement socialiste sera,
pendant longtemps encore, infecté de l'infâme poison
bonapartiste et, chez nous, une foule d'éléments sains
et purs se lèveraient contre un semblable mouvement. »
A la question de savoir ce qui doit se faire, il ne peut
donner que la lâche réponse de Machiavel : « La
politique consiste à faire un choix entre divers maux. »
« Une victoire de l'élément militaire — c'est-à-dire du
gouvernement prussien ! — serait « un mal », mais
« une victoire de l'Autriche actuelle ne serait pas une
victoire du principe réactionnaire. » Il en donne pour
preuve à Lassalle la *Berliner Revue*, etc. Ces objections
opposées aux arguments de Lassalle ne permettent
qu'une conclusion et qu'une explication : il faut croire
que Lassalle pensait pouvoir forcer la révolution à se
produire et qu'il avait réservé pour l'Autriche le
premier coup. Ainsi s'expliquerait la tentative dont
nous avons parlé, les efforts faits pour déterminer
Garibaldi à organiser une expédition de volontaires
contre Vienne. Mais on peut se demander comment

Lassalle, qui habituellement se montrait fort avisé en politique, avait pu songer sérieusement à un projet aussi aventureux. Nous ne pouvons savoir s'il lui fut suggéré par Rüstow ou par quelques-uns des révolutionnaires français, hongrois ou italiens dont il fit la connaissance au cours de son voyage en Italie. Mais il est difficile d'admettre qu'il soit né dans le propre cerveau de Lassalle, si fort qu'il pût répondre, d'ailleurs, à certaines de ses idées.

Quoi qu'il en soit, une fois de retour à Berlin, Lassalle se convainquit que ce qui manquait le plus à une révolution en Allemagne, c'étaient les révolutionnaires allemands. Néanmoins, la situation était trop troublée pour qu'il pût se remettre tranquillement à ses études. Au lieu de s'adonner immédiatement au grand travail d'économie politique qu'il se proposait de faire, il le remit à plus tard pour se consacrer aux questions brûlantes du moment. C'était bien naturel, du reste, la vie politique devenant toujours plus active, toujours plus intense.

La première œuvre qu'il livra au public fut un pamphlet écrit en collaboration avec Bucher : *Julien Schmidt, historien de la littérature* (1). Bien que formellement ce travail s'applique à une compilation de Schmidt, intitulée : *Histoire de la littérature allemande* (2), il nous donne à entendre dans la préface qu'il visait surtout la presse libérale, ainsi que d'ailleurs le parti libéral tout entier. Comme Julien Schmidt était un des signataires du programme des libéraux du Centre, « Julien le Grabowite » devait pouvoir symboliser assez raisonnablement la valeur intellectuelle de ce parti. C'était d'une logique quelque peu forcée, mais

(1) *Julian Schmidt, der Literarhistoriker.*

(2) *Geschichte der deutschen Literatur.*

l'ouvrage tout entier n'est, du reste, pas exempt d'exagérations (1). On peut même se demander si une identification aussi méprisante était bien de mise en ce moment. Le gouvernement venait de dissoudre la Chambre, et le roi, dans son rescrit du 20 mars, — la préface de Lassalle est datée du 22 mars, — avait invité les ministres à « combattre l'influence des suspicions qui tendent à surprendre la naïveté de l'opinion publique ». La lutte entre la représentation nationale et le gouvernement commençait précisément à devenir très aiguë. Cependant, la leçon appliquée à Schmidt était en somme bien méritée, il était juste de stigmatiser cette paresse intellectuelle qui se donnait de l'importance par l'affectation de sa langue. L'esprit est parfois un peu forcé. Mais souvent une citation bien trouvée de la littérature classique corrige ce que la pointe a d'exagéré. Quand le « typographe » prend la parole, c'est toujours Lassalle qui parle, tandis que Lothar Bucher apparaît sous les traits de la « femme du typographe » (2).

Au printemps de 1862, Lassalle fut invité à faire une

(1) Les interprétations forcées ne manquent pas non plus. Il est extraordinaire aussi que Lassalle laisse la « femme du typographe » faire reproche à M. Schmidt de certains péchés qu'il avait précisément lui-même toutes les raisons du monde de juger avec bienveillance. Schmidt, adhérent passionné de l'idée d'une Allemagne unie sous l'hégémonie de la Prusse à l'exclusion de l'Autriche, reproche par exemple au poète Uhland d'avoir mal compris la situation historique, quand, en 1848, il s'élevait contre la conception étroite de la Confédération allemande du parti de la « petite Allemagne »; il cite à ce propos l'image du poète qui, dans la voix de chaque député autrichien, entendait le murmure de la mer Adriatique. Mais Schmidt pouvait répondre à ce reproche en citant la brochure de Lassalle: *La guerre d'Italie et le devoir de la Prusse*, où l'on déclarait que c'était parce que l'Autriche n'avait pas été abattue que la révolution de 1848 avait échoué. Bucher et Lassalle lui reprochent son sauvage protestantisme; Schmidt aurait pu répondre en rappelant *Franz von Sickingen*.

(2) La critique du livre de Schmidt est faite sous forme de notes par le typographe et par la femme du typographe.

conférence dans un groupe de district progressiste de
Berlin. Cette demande lui fournissait donc l'occasion
tant désirée d'attaquer les chefs du parti progressiste
devant leurs troupes mêmes par la parole, puisqu'il ne
pouvait le faire par écrit, dans la presse. Il choisit
comme thème la question du jour, le conflit constitutionnel qui venait d'éclater. Mais, par un calcul habile,
il s'en tint, dans sa première conférence intitulée :
« *De l'essence d'une constitution* » (1) à une exposition
d'un caractère absolument académique. C'est, du reste,
un de ses meilleurs discours. Dans sa partie historique,
elle contient même de beaux passages sur l'influence de
l'économie sur les formes de gouvernement. Rien du
doctrinaire dans ce chef-d'œuvre, mais aussi encore très
peu de l'agitateur. Lassalle développe son point de vue
fondamental sans en faire ressortir ou en déduire les
conclusions pratiques. Les questions constitutionnelles
sont des questions de puissance matérielle : une constitution n'a de durée assurée qu'aussi longtemps qu'elle
représente les puissances réelles, les rapports de force
réels. Un peuple ne possède dans sa constitution une
protection contre l'arbitraire des gouvernants que s'il
est capable, s'il a la volonté de se défendre éventuellement contre cet arbitraire, même sans la constitution.
En 1848, on a commis la plus grande des fautes quand,
au lieu de modifier les facteurs de force réels et de
transformer tout d'abord l'armée royale en une armée
nationale, on a perdu tant de temps à élaborer une
constitution que la contre-révolution a repris assez de
force pour disperser la représentation nationale. Si le
peuple est encore une fois en situation de faire une
constitution, que l'on prenne du moins cette expérience
en dûe considération. C'est du même point de vue qu'il

(1) *Über Verfassungswesen.*

faut juger les projets militaires présentés par le gouvernement. Ils ont leur origine dans l'effort que l'on poursuit de mettre les conditions matérielles au service du gouvernement. « La royauté, Messieurs, ainsi conclut Lassalle, a des serviteurs pratiques, non des beaux parleurs, des serviteurs pratiques comme vous-mêmes vous devriez souhaiter en avoir. »

L'idée fondamentale dont part ici Lassalle est incontestablement exacte. La plupart des progressistes le savaient bien. S'ils affichaient une autre opinion, ils le faisaient parce que transporter la première dans la pratique, c'était déchaîner la révolution ; leur parti, par contre, — une de ses fractions l'entendait comme son but final, l'autre comme pis-aller momentané, — désirait mener la lutte sur le terrain parlementaire. Lassalle représentait les progressistes comme des adversaires déterminés de la révolution ; il avait raison pour une grande partie d'entre eux. Mais il n'était pas nécessaire de l'être à un très haut degré pour la considérer encore comme prématurée. L'ami de Lassalle, Bucher, comme nous l'avons vu, malgré .outes les raisons qu'il avait de haïr l'ordre existant, était de cet avis. Mais, dans la lutte parlementaire, la fiction suivant laquelle on combattait pour la constitution existante contre le gouvernement qui l'avait violée, était une véritable lutte du droit contre la force, et offrait une position beaucoup plus favorable ou, pour mieux dire, beaucoup plus commode qu'une déclaration de guerre ouverte pour la suprématie l'aurait pu faire. Les moyens matériels étaient entre les mains du gouvernement, aussi voulait-on au moins s'assurer toutes les forces morales.

Bien que dans sa conférence Lassalle n'eut pas dit un mot auquel ne put souscrire chaque progressiste, chaque homme raisonnable même, elle n'en déplut pas

moins fort aux chefs du parti progressiste, tandis que
les partis gouvernementaux et réactionnaires s'en montraient enchantés. L'organe des hobereaux et des gens
d'église, la *Kreuz-Zeitung*, le félicitait ouvertement.
Non seulement il lui était agréable de voir transporter
le conflit dans le camp ennemi, mais elle tenait à voir
représenter la question constitutionnelle comme une
simple question de force entre la royauté et la représentation nationale, parce que sa position s'en trouvait
de la sorte raffermie ; elle devenait le seul soutien
éprouvé du trône. Il ne faut pas oublier que « l'ère
nouvelle » inaugurée par Guillaume Ier avait été également une tentative d'émanciper le trône des Hohenzollern de la tutelle trop gênante des hobereaux de l'Est
de l'Elbe et de la bureaucratie. Comparée au programme
tel que Lassalle le formulait, cette tutelle devait prendre
aux yeux du roi les proportions d'un moindre mal.

Lassalle, cédant à des « demandes répétées », fit
imprimer cette conférence qu'il tint dans trois autres
réunions progressistes, ce qui prouve bien que les
électeurs de ce parti n'y trouvaient rien à reprendre.
Entre temps, les nouvelles élections au Landtag avaient
constitué une victoire éclatante des progressistes contre
le gouvernement, et chacun s'attachait attentivement au
conflit, ne sachant, dans ces conditions, comment il se
poursuivrait entre ces deux adversaires.

De même, au printemps de 1862, Lassalle fit une
seconde conférence dans un faubourg de Berlin, à
l'Union ouvrière de la porte d'Oranienburg, quartier des
constructeurs mécaniciens. Il lui donna pour titre : « de
la liaison particulière de l'idée de la classe ouvrière avec
la période historique actuelle. » Il avait également travaillé cette conférence avec un soin tout particulier.
Bien que dans certains de ses détails, elle ne soit pas à
l'abri de toute objection, — le titre, déjà, appelle la

critique, — c'est un des meilleurs, sinon le meilleur, des discours de Lassalle. La langue en est aussi claire que belle : l'exposition est concise, coulante, jamais surchargée, jamais sèche non plus. De proposition en proposition, la pensée fondamentale est développée systématiquement. Telles sont ses qualités formelles. Quant à son contenu, — à quelques restrictions près, comme nous l'avons dit, — il forme une excellente introduction à l'étude des doctrines socialistes. Ce n'est pas lui enlever de sa valeur que de dire qu'elle est une paraphrase du *Manifeste communiste*, adaptée à l'époque et aux circonstances où elle fut tenue. Au fond, elle développe d'une façon détaillée ce que la partie historique du *Manifeste* ne retrace qu'à grands traits.

L'idéologie hegelienne et le point de vue juridique y interviennent encore, il est vrai, mais on y met en outre au premier plan les bases économiques du mouvement historique. En vertu de leur situation de classe dans la société bourgeoise moderne, les travailleurs forment la classe proprement révolutionnaire appelée à fonder la société sur une nouvelle base. C'est là la pensée fondamentale du *Manifeste communiste*, c'est aussi l'idée directrice du « *Programme ouvrier* », titre sous lequel, plus tard, cette conférence fut publiée. Mais, pour Lassalle, ce principe se cristallise aussitôt en notions juridiques et s'accompagne de représentations idéologiques. Quand, dans le titre même ou au cours de sa conférence, Lassalle parle de « l'Etat des ouvriers », *(der Arbeiterstand)*, on pourrait n'y voir qu'une concession à l'usage qu'il y aurait pédanterie à vouloir trouver choquante. Cependant, il faut dire à sa louange qu'il ne choisit pas ses expressions à la légère. Ce n'est pas simplement pour employer une expression populaire qu'il parle de « l'Etat des ouvriers », de « quatrième Etat », c'est une conséquence de ses conceptions

essentiellement juridiques. C'est la même tendance qui
lui fait tirer la notion de bourgeois non de la force
matérielle que lui confère la possession du capital, grâce
aux forces et aux effets purement économiques qui y
sont attachés, — mais bien des privilèges juridiques et
politiques dont jouit le capitaliste ou auxquels il prétend
en vertu de sa propriété. Au lieu d'établir nettement la
différence fondamentale entre le bourgeois moderne et
le seigneur féodal du moyen-âge, il l'efface et, pour lui,
le possesseur de capital ne devient un bourgeois que
quand, juridiquement et politiquement, il revendique la
situation d'un féodal. (Cf. p. 20-22 de l'*Arbeiter Pro-
gramm* (Le programme ouvrier) 1re édition). Et, comme
toujours, logique même dans son erreur, il donne pour
marque caractéristique — pour la marque de la société
bourgeoise — le système électoral fondé sur les classes
ou sur le cens. Le régime électoral prussien des trois
classes, établi par la réaction absolutiste et féodale
contre la révolution bourgeoise de 1848 lui paraît être
le système électoral de l'Etat bourgeois moderne. Certes,
cela a un sens si l'on restreint la notion de « bourgeois »
à quelques grands capitalistes, à la Stumm, mais que
devient alors le « quatrième Etat ? »

Un second caractère de l'Etat bourgeois ainsi défini
est donné, suivant Lassalle, par le développement du
système des impôts indirects qui font retomber les
charges publiques sur les classes non privilégiées.
Toute classe privilégiée a une tendance à s'exempter
des impôts le plus possible, cela est incontestable.
Mais quand Lassalle fait dépendre la notion d'Etat de
classe de l'existence de privilèges électoraux, sa théorie
se trouve ruinée par ce simple fait que c'est dans le
pays qui jouit depuis le plus longtemps du suffrage
universel et direct que l'on rencontre les impôts
indirects les plus développés. Le raisonnement de

Lassalle, suivant lequel, des 97 millions de thalers que l'État prussien a tirés des impôts en 1855, 13 millions seulement proviennent des impôts directs, est également très contestable. Il déclare sans sourciller que les 10 millions de thalers de l'impôt foncier sont le produit d'un impôt indirect, parce qu'ils ne sont pas payés par les propriétaires fonciers, mais reportés par eux sur le prix du blé. Mais ce transfert n'était pas si facile à effectuer tant que les frontières n'étaient pas fermées par des tarifs d'importation. L'impôt foncier a bien plutôt pesé longtemps comme une charge réelle sur la propriété foncière, les propriétaires l'ont senti et c'est ainsi qu'il a été traité dans les transactions. On peut considérer comme un impôt indirect un revenu de 9 millions de thalers provenant des frais de justice. Mais ce n'est nullement la classe la plus pauvre qui fait le plus de procès. Aussi ne peut-on parler ici d'un impôt déchargeant le grand capital, quelle que soit d'ailleurs l'opinion que l'on ait sur ces frais. Bref, la franchise d'impôt relative dont jouit le grand capital n'est pas un criterium nécessaire de la société bourgeoise. Celle-ci se distingue, en effet, de la société féodale en ce qu'elle n'est pas liée à la fixation légale des distinctions de classes, mais elle s'accommode fort bien d'une égalité formelle des droits de chacun.

Il est plus exact de voir, comme le fait Lassalle, dans la caution et le timbre imposés aux journaux, une preuve que « la bourgeoisie poursuit la prédominance de son privilège et de son élément spécial, le capital, avec une logique plus stricte que ne l'a fait, au moyen-âge, la noblesse pour ce qui regarde la propriété foncière. » Caution et timbre n'étaient en Prusse nullement des moyens de gouvernement de la bourgeoisie, mais bien de la réaction semi-féodale et bureaucratique. Lassalle n'avait qu'à tourner les yeux vers l'Angleterre, où la bourgeoisie a atteint son plus haut degré de développement, pour se convaincre que, même sans que l'on emploie les petits moyens d'un gouvernement réactionnaire, la presse peut devenir, plus qu'en Prusse, « un privilège du grand capital. » Il était naturellement juste d'élever la voix contre ces moyens de répression politique; mais quand Lassalle veut montrer l'effet de la suprématie bourgeoise sur la presse, il cite exclusivement des institutions juridiques formelles, et laisse, par contre, absolument de côté les facteurs économiques. Cela montre une fois de plus combien il avait l'esprit juridique. Son idéologie finit par l'amener à entonner un dithyrambe en faveur de l'Etat, de la « conception de l'Etat ». Le « quatrième Etat » a « une idée toute autre, toute différente du but moral de l'Etat que la bourgeoisie. »

Lassalle ramène l'idée politique de la bourgeoisie à la conception des libéraux libre-échangistes. D'après elle, la tâche de l'Etat consisterait uniquement à protéger la liberté personnelle de l'individu et sa propriété.

Mais c'est là une « idée de veilleur de nuit. » L'histoire est « une lutte contre la nature, la misère, l'ignorance, la pauvreté, l'impuissance, contre les servitudes de toute espèce où nous nous trouvons enfermés, quand l'humanité était encore au début de son histoire. La libération progressive de ces contraintes, c'est le développement de l'histoire. » La vraie tâche de l'Etat se ramènerait donc à parfaire dans la liberté ce développement de l'histoire. L'Etat, c'est « l'unité des individus en un tout moral; » son but, c'est, grâce à cette union, « de mettre les individus en état d'atteindre des fins telles, un degré d'existence tel qu'ils n'auraient jamais pu les atteindre comme individus, de leur permettre d'arriver à un degré d'instruction, de puissance et de liberté qui, comme individus, leur était

, absolument inaccessible. » Son but est encore « d'amener
l'être humain à son développement positif, à son
épanouissement progressif ; en d'autres termes, de
réaliser la destinée de l'homme, la culture dont l'humanité est capable. » Son but, c'est d' « enseigner la liberté
à l'humanité, d'amener l'humanité à la liberté. » C'est
là tellement « le vrai rôle, le rôle supérieur de l'Etat,
qu'il l'a plus ou moins rempli à toutes les époques, par
la force même des choses, même malgré lui, même
inconsciemment, même contre le gré de ses chefs. »

Et la situation misérable où se trouvaient, à titre
d'individus, les membres de la classe ouvrière, les
couches inférieures de la société, leur avait déjà donné
« l'instinct profond que telle était, que telle devait être
la destination de l'Etat. » Mais un Etat soumis à l'idée
de la classe ouvrière se ferait avec la plus grande
prescience et la plus pleine conscience, un devoir de
cette « nature morale ». « Il provoquerait un essor
intellectuel tel, le développement d'une telle somme de
bonheur, d'instruction, de bien-être et de liberté qu'il
serait sans exemple dans l'histoire du monde. » Ainsi
s'exprime Lassalle.

Cette interprétation a justement, au point de vue
historique, un grave défaut : elle relève bien les modifications historiques subies par l'Etat et par la société,
mais, malgré tout, dans son idée et dans son essence,
l'Etat semble ici bien avoir été donné une fois pour
toutes. Il semble que, dès l'origine, il ait eu un but
déterminé, fondé sur son « idée », méconnu parfois,
insuffisamment reconnu ou même absolument ignoré et
à la parfaite connaissance duquel il faudrait s'élever. La
notion d'Etat serait donc, pour ainsi dire, éternelle.
C'est dans ce sens que Lassalle cite le passage d'un
discours prononcé par Boeckh et où le célèbre historien
de l'antiquité en appelle de « l'idée de l'Etat du libéra-

lisme » à la « culture antique » qui est enfin devenue la
base impérissable de l'esprit allemand et nous invite à
penser qu'il faut étendre la notion d'Etat au point d'en
faire « l'institution où doit se réaliser toute la vertu de
l'humanité. » Dans certaines limites, la protestation
contre la théorie du laisser-faire absolu alors florissant
en économie politique et sociale, était bien justifiée,
mais Lassalle, cependant, dépassait ici le but. L'Etat,
chez les anciens, reposait sur des conditions sociales si
différentes des nôtres que leurs idées sur ce sujet
conviennent aussi peu au présent que leurs conceptions
du travail, de l'argent ou de la famille par exemple.
Comme elles, l'idée antique de l'Etat peut fournir
matière à une étude comparative, elle ne peut nullement
nous donner une théorie s'appliquant aux temps
modernes. Si, d'après Boeckh, l'idée politique du libéralisme nous menace d'une « barbarie moderne », on
peut craindre aussi qu'en appliquant à la société actuelle
la conception antique de l'Etat, on aboutisse à un
véritable esclavage d'Etat. De plus, ce que Lassalle
nous dit des effets de l'Etat n'est pas exact. A des
époques diverses, ces effets ont été très différents. La
civilisation a fait des progrès considérables avant que
n'existât un Etat ; elle a fait de grandes conquêtes sans
son aide ou même contre son gré. S'il est incontestable
qu'en somme l'Etat a hâté le développement de l'humanité, il faut reconnaître que souvent aussi il l'a entravé
dans sa marche.

Lassalle, naturellement, n'avait pas des idées assez
contraires à l'histoire pour vouloir ressusciter, sans la
modifier, la conception antique de l'Etat, pas plus, du
reste, que Boeckh. Mais s'en tenir à la simple idée
abstraite de l'Etat ne valait pas mieux ; c'était peut-être
pis encore. Le culte de l'Etat en général signifie le culte
de tout Etat. Les idées démocratiques et socialistes de

Lassalle lui interdisaient sans doute d'intervenir directement en faveur de l'Etat tel qu'il était alors, mais cela n'a pas empêché les défenseurs de celui-ci d'exploiter fortement ce culte en sa faveur. C'est d'ailleurs là le point vulnérable de toute idéologie, de toute théorie bâtie sur des notions abstraites. Si révolutionnaire qu'on l'imagine, elle court, en fait, toujours le risque d'aboutir à modifier les conditions anciennes ou les conditions actuelles. Chez Lassalle l'idée de l'Etat est le pont qui devait unir un jour le républicain qu'il était aux défenseurs de la royauté absolue ; lui, le révolutionnaire, aux réactionnaires les plus endurcis. L'absolutisme philosophique a toujours eu quelque chose qui le rapprochait de l'absolutisme politique.

Ainsi, malgré ses grandes qualités, cette conférence contient déjà en germe presque toutes les fautes qui se sont produites plus tard dans le mouvement lassallien.

A la fin de son discours, Lassalle exhorte les travailleurs à se pénétrer entièrement de la haute mission dévolue à leur classe ; il les invite à s'inspirer d'elle pour adopter une nouvelle conduite. « Ni les vices des opprimés, ni les distractions futiles des inconscients, ni la pitoyable étourderie des insignifiants ne vous conviennent plus. *Vous* êtes le roc sur lequel on bâtira l'Eglise de l'époque moderne ! »

Comme nous l'avons dit, Lassalle fit imprimer cette conférence. Mais quelle qu'ait été sa prudence, quel qu'ait été le soin avec lequel il avait évité toute conclusion politique directe, la police politique de Berlin, qui connaissait fort bien ses opinions, soupçonna aussitôt à quoi tendait le discours. Elle fit saisir toute l'édition, publiée par un libraire de Berlin, et ouvrit immédiatement une instruction contre Lassalle. La brochure avait été imprimée et saisie à la fin de juin. Le 4 novembre 1862, le procureur von Schelling, fils du

philosophe, demanda des poursuites contre Lassalle
« pour excitation des classes pauvres à la haine et au
mépris des classes riches », le fameux article 100 du
code pénal de la Prusse d'alors. Le 17 novembre, le
tribunal correctionnel de Berlin décida de donner suite
à cette demande et, le 16 janvier 1863, le procès s'ouvrit
en première instance. Les débats furent très mouve-
mentés. Lassalle, qui se défendit principalement lui-
même, s'était bien préparé à faire écraser Schelling fils,
plus tard *ministre* de la justice prussien, par Schelling
père, le philosophe, à l'aide des écrits de celui-ci. Il fut
souvent interrompu par le président et même menacé
de se voir retirer la parole, mais sa hardiesse et sa
présence d'esprit sans égale, eurent constamment raison
des menaces du tribunal. Néanmoins, malgré une
défense vraiment brillante, où Lassalle montra toute sa
supériorité et flagella cruellement le ministère public, il
n'en fut pas moins condamné à quatre mois de prison.
Il appela de ce jugement et eut au moins la satisfaction
de voir la cour changer la peine de prison en une
amende relativement insignifiante. La saisie de la brochure fut toutefois maintenue, mais Lassalle en avait
fait entre temps paraître une nouvelle édition chez Meyer
et Zeller, à Zurich.

C'est également chez les mêmes éditeurs que pa-
rurent les trois brochures concernant le procès en
première instance: l'une contient la défense de Lassalle
(elle porte le titre de : « *La Science et les Travailleurs* » (1), la seconde le compte-rendu sténographique des débats, et la troisième une critique assez
longue du jugement de première instance. Enfin, sous
le titre de : « *L'impôt indirect et la situation des classes*

______

(1) *Die Wissenschaft und die Arbeiter.*

laborieuses » (1), parut également le plaidoyer qu'il prononça en appel.

Revenons maintenant à l'époque à laquelle la conférence fut faite, c'est-à-dire au printemps de 1862.

On comprend que le discours comme tel n'éveilla tout d'abord pas autrement l'attention. Son contenu différait fort de ce qu'offraient alors les orateurs progressistes aux ouvriers de Berlin ; cependant la tendance politique apparente s'écartait peu de la leur. Les orateurs à la douzaine de ce parti ne se privaient pas de périodes radicales, d'allusions à une nouvelle édition de la révolution de 1848, d'attaques contre les impôts indirects, etc. ; et même, comme ils les coupaient de sorties contre le gouvernement, leurs discours avaient d'ordinaire une allure beaucoup plus vigoureuse que la conférence de Lassalle, académique presque d'un bout à l'autre. Quand le bourgeois fait de l'opposition, il l'emporte sur tout le monde par ses fanfaronnades. Comme conférence, le « Programme ouvrier » ne fit grande impression immédiate ni sur les travailleurs ni sur les sphères bourgeoises.

Cela n'empêcha pas Lassalle, membre de la *Société philosophique de Berlin*, d'être invité, au printemps de cette même année, à prononcer le discours à la fête du 19 mai, organisée pour célébrer le centenaire du philosophe Fichte. Le radicalisme de ses idées politiques et sociales, bien connu dans ce milieu, n'effaroucha personne. La grande majorité de la bourgeoisie faisant de l'opposition, ses savants pouvaient naturellement se livrer à l'idéologie.

Six mois auparavant, Lassalle, dans les « *Etudes démocratiques* », avait salué en Fichte l'apôtre de la République allemande. On le priait maintenant de

____

(1) *Die indirekte Steuer und die Lage der arbeiteten Klassen.*

prononcer un discours à la gloire du philosophe : c'était au fond ratifier son premier essai. Lassalle ne laissa pas échapper l'occasion de répéter sous une autre forme ce qu'il avait déjà écrit.

Le discours porte le titre suivant : « La philosophie de Fichte et le sens de l'esprit national allemand » (1). Non seulement dans l'exposé des idées philosophiques et politiques de Fichte, l'œuvre est conçue sous une forme absolument idéologique, mais Lassalle verse lui-même entièrement dans l'idéologie de l'hegelianisme ancien. L'esprit national allemand, c'est l'idée métaphysique de nation. Sa signification réside en ceci : qu'aux Allemands est échu le grand rôle historique de ménager à « l'esprit pur » et en partant de cet esprit même, non seulement une « réalité actuelle », mais encore « la sphère même de son existence, son territoire propre ». « Comme ici l'*être* même est tiré de l'esprit pur », n'est affecté d'aucun élément historique, d'aucun élément naturel et particulier, il ne peut être que sa propre image, l'image de la pensée pure, et porte par cela la nécessité de cette détermination à la spiritualité la plus élevée et la plus parfaite de la liberté que Fichte lui assure. » Ce qui pose Fichte dans l'isolement de sa pensée, philosophiquement, est déjà « devenu une religion », dit Lassalle, confirmant une autre expression de ce philosophe, et sous le nom populaire et dogmatique d'*unité allemande*, fait battre tous les nobles cœurs de l'Allemagne ».

Poser l'aspiration à l'unité allemande comme le produit de « l'esprit pur, non affecté d'aucun élément historique », c'est cependant dépasser de beaucoup l'idéologie du libéralisme. Aussi cette conférence, pour-

(1) *Die Philosophie Fichte's, und die Bedeutung des deutschen Volksgeists.*

suivie avec une logique serrée, une grande unité de
pensée, paraît avoir complètement manqué l'effet que
Lassalle se proposait de produire sur le public de la
fête. Comme les journaux hostiles à Lassalle le consta-
tèrent malicieusement, les auditeurs, au grand mécontentement de l'orateur, quittèrent peu à peu la salle
« pour se réfugier dans le local où était préparé un
banquet somptueux. » Mais ils oublièrent d'observer
que le public ne se composait pas uniquement des
membres de la Société philosophique, mais en majorité
des invités de celle-ci, c'est-à-dire de personnes qui
recherchent de semblables solennités par bon ton et par
snobisme.

Lassalle fit également paraître ce discours en brochure ; il l'envoya à Marx par l'intermédiaire de Lothar
Bucher, avec son « Julian Schmidt » et sa conférence
sur « l'Essence d'une constitution. » Vers le 9 juin, il
annonce qu'il a « commencé *un peu* de propagande de
politique pratique. » « Ainsi, j'ai fait ma conférence sur
la constitution dans *quatre* sociétés. De plus, j'ai écrit
une conférence beaucoup plus longue sur la classe
ouvrière et je l'ai prononcée dans un groupe de travailleurs. » Lassalle fait ici allusion au « Programme
ouvrier ». « Je me suis aussi décidé, ajoute-t-il, à la
donner à l'impression. Dès qu'elle sera terminée, je te
l'enverrai également. » Au cours de sa lettre, il répète
encore une fois que, forcé de s'occuper avec une activité
intense d'autres objets, toutes les matières économiques
se sont presque « fossilisées » dans son cerveau pendant
ces trois dernières années. Quand tout aura repris un
peu d'élasticité, il se livrera à une nouvelle lecture du
livre de Marx : « Critique de l'économie politique ».
Puis, presqu'en même temps, il en publiera une analyse et se mettra enfin à son propre ouvrage d'économie,
« dont la composition durera sans doute fort long-

temps ». Ce programme se trouvera d'ailleurs interrompu par un voyage de deux mois, car, pendant l'été, il ne peut supporter Berlin. En juillet, il partira pour la Suisse ou peut-être se rendra-t-il d'abord à Londres, puis de là passera en Suisse.

Il se décida pour le second parti. Mais auparavant il écrivit encore à Marx la lettre suivante :

« Cher Marx, — Le porteur de cette lettre est le capitaine Schweigert qui a servi avec éclat sous les ordres de Garibaldi et surtout de mon ami Rüstow. C'est l'homme le plus honnête, le plus sûr du monde. « C'est un homme d'action ». Il est le chef des *Wehr-Vereine*, comités de défense qu'il organise de Cobourg. Il se rend actuellement à Londres pour y recueillir les fonds nécessaires à l'achat de 3.000 fusils dont il a besoin pour ses groupes. Je n'ai pas besoin de te dire combien la chose serait désirable. Sois donc assez bon pour te mettre en rapport avec tous les gens qui pourraient lui donner de l'argent dans ce but, ou prête lui toute assistance pour qu'il réussisse. Fais ton possible.

« Il est de plus en plus vraisemblable que j'irai à Londres.

« Ton F. LASSALLE.

« Berlin, 19.6.62. »

Les « comités de défense », organisés à Cobourg, étaient dans le camp de l' « Association nationale », dont le siège central était dans cette ville. On voit que Lassalle n'avait pas encore rompu toute relation avec cette société. Il insiste sur « l'homme d'action », et le grand intérêt qu'il prend à l'achat des 3.000 fusils confirme encore ce que nous avons dit des projets révolutionnaires de notre auteur.

Deux courtes lettres, expédiées de Londres même,

9

qui se rapportent à des visites et à une excursion à
faire en commun avec Marx, terminent la série des
lettres de Lassalle à Marx mises à ma disposition. Mais
il serait faux d'en conclure que leur rencontre ait
abouti à une rupture entre les deux amis politiques.
Cette rupture ne s'est jamais produite. Mais il est bien
possible que des discussions orales aient fait alors comprendre plus clairement à Lassalle la différence de
principe qui le séparait de Marx (1). Bref, quand Lassalle
fut revenu à Berlin, dans l'automne de 1862, la correspondance prit fin. Lassalle ne s'en lia que plus
intimement avec Bücher qui, plus tard, le mit en relation
avec Rodbertus.

A la fin de l'été de cette année, il sembla que le
gouvernement prussien fût disposé à adopter une attitude plus conciliante vis-à-vis de la représentation
nationale. On négocia de différents côtés. Puis, brus-
quement, le roi fit brutalement déclarer à la Chambre
qu'il ne ferait aucune concession au sujet de la réduction
de la durée du service militaire, et qu'il n'avait
aucunement l'intention d'accorder une compensation
pour la façon illégale dont il avait été procédé à la
réorganisation de l'armée. La Chambre répondit en
refusant par 308 voix contre 11 d'adopter la proposition
du gouvernement et d'incorporer à l'état des dépenses
ordinaires les dépenses entraînées par cette réorganisation. Pour briser la résistance de la majorité, le roi
remplaça dans le ministère M. von der Heydt par
l'ambassadeur de Prusse en France, Otto de Bismarck,

(1) A cette opinion exprimée en 1891 je peux maintenant ajouter que
Marx lui-même a expliqué à Lassalle, en 1862, qu'il n'y avait entre eux
communauté d'idées qu'au sujet des buts tout à fait généraux. Marx
s'est déclaré prêt à collaborer à un journal que Lassalle créerait, mais
sans vouloir encourir aucune responsabilité pour la politique du journal.

(Note de l'auteur pour l'édition française.)

qui se trouvait alors précisément à Berlin. Il est vraisemblable que l'affirmation brusque des privilèges royaux ne s'était produite que d'accord avec Bismarck.

Celui-ci qui, en 1847 à la Diète unie, et en 1848 à l'Assemblée nationale, s'était montré un bouillant représentant des hobereaux, s'était entretemps changé en un « homme d'Etat moderne ». Il avait jeté par dessus bord l'idéologie féodale pour ménager d'autant plus efficacement les intérêts de la « propriété foncière consolidée ». Il avait renié l'absolutisme d'avant les journées de Mars pour assurer à la royauté une position plus privilégiée encore, si bien que la représentation nationale devait assumer la responsabilité — mais uniquement la responsabilité — des exigences de la monarchie. En un mot, il avait adopté les principes du système de gouvernement connu sous le nom de bonapartisme : quand on parle de démocratie, on entend par là le pouvoir gouvernemental fort, on proclame bien haut sa sollicitude pour les classes pauvres, mais on médite en même temps d'établir un système d'impôts qui videra les poches des travailleurs. De la diplomatie russe il avait appris comment on peut à la fois maintenir un gouvernement absolu et intriguer en sous-main avec les révolutionnaires ; de la diplomatie française bonapartiste, comment il faut toujours incriminer un adversaire d'un acte malhonnête au moment même où l'on projette soi-même de commettre un acte semblable. Il cultivait tout spécialement une habitude propre à tous les diplomates astucieux et aux filous : de temps en temps sa « franchise » éclatait d'une façon déconcertante. C'était pour mieux réussir à l'occasion à user de la parole pour ne pas dire la vérité.

C'est avec cette « franchise » que Bismarck débuta devant la Chambre. Et, naturellement, on ne crut pas à son programme allemand. Il déclara devant la com-

mission du budget que la question allemande ne se
réglerait que « par le sang et par le fer ». Cette
affirmation ne fit qu'exciter davantage à la résistance.
La Chambre maintint sa décision : elle n'accorderait
rien au gouvernement tant que celui-ci ne reconnaîtrait
pas son droit, qu'elle tenait de la constitution. Bismarck
répondit en prorogeant la Chambre, déclarant en même
temps que le gouvernement n'hésiterait pas à prendre
l'argent là où il le trouverait.

Cependant la position du cabinet n'était pas extrêmement forte. Il avait bien derrière lui la puissance
gouvernementale, la force organisée, tandis que la
Chambre n'avait avec elle que l'opinion publique. Mais
Bismarck savait fort bien qu'il ne pouvait « s'asseoir »
sur les baïonnettes prussiennes. On ne pouvait
escompter, pour le moment du moins, des événements
extérieurs assez considérables pour rallier au gouvernement au moins les anciens membres du « parti de
Gotha », c'est-à-dire « les Petits-Allemands, libéraux
modérés. » Il fallait donc se ménager par ailleurs des
alliés contre le parti progressiste.

Ce fut à cette époque, dans l'automne de 1862, que le
fameux « travailleur » Eichler se fit remarquer dans les
sociétés ouvrières, soit directement fondées, soit pro-
tégées par les progressistes. Il avait été l'un des ouvriers
délégués, pendant l'été de 1862, à l'exposition de
Londres, grâce aux collectes faites à cet effet par les
libéraux et les démocrates. De retour à Berlin, il se mit
à propager avec ses camarades l'idée d'un congrès
ouvrier allemand et d'une espèce de fédération des
sociétés ouvrières pour la défense des intérêts des
travailleurs. Les journaux et les chefs du parti progressiste se montrèrent peu favorables à ces plans. Ils les
déclarèrent prématurés et de nature à jeter la discorde
parmi les éléments populaires, au moment même où

ceux-ci entraient en conflit avec le gouvernement. Ils exhortèrent les ouvriers à ajourner le congrès au moins pour quelque temps encore, et grâce à la popularité d'un de leurs chefs, Hermann Schulze-Delitsch, la grande majorité des ouvriers de Berlin consentit à cet ajournement. Mais une minorité demeura mécontente, au sein de laquelle Eichler se montra le plus bruyant. Il taxait les progressistes d'impuissance et partait en guerre contre les sociétés coopératives de Schulze-Delitsch qui n'étaient d'aucune utilité pour les travailleurs. Le « self-help », dont les libéraux faisaient si grand cas, n'était qu'un leurre ; seul, l'Etat pouvait venir en aide aux ouvriers. Eichler, qui prétendait avoir été congédié par son patron, le libéral von Unruhe, pour les opinions qu'il professait sur le « self-help », trouva bien, cependant, les moyens de se rendre à Leipzig, dans le groupe ouvrier de cette ville, où l'on discutait aussi vivement qu'à Berlin le projet de convoquer un congrès général des travailleurs, ayant pour objet la fondation d'une association ouvrière indépendante. Il chercha à déterminer le comité central de Leipzig à fixer à Berlin le siège du congrès. On n'était pas trop enclin à cette idée, et quand on l'eût poussé dans ses derniers retranchements, il finit par proclamer, au plus fort de la discussion, qu'il savait de source certaine que le gouvernement prussien ne demandait pas mieux que d'aider les travailleurs et, entr'autres choses, de les assister dans la fondation de sociétés coopératives de production. Il pouvait annoncer que M. de Bismarck était prêt à fournir 30.000 thalers pour la création d'une association de production de machines. Alors déjà et bien plus tard encore, les mécaniciens formaient à Berlin le noyau des troupes progressistes. La déclaration d'Eichler était d'autant plus suspecte que pour obtenir les subventions annoncées, les ouvriers devaient natu-

rellement se résoudre à tourner le dos au parti
progressiste, parti de bourgeois, par conséquent ennemi
déclaré des travailleurs.

Eichler s'était complètement fourvoyé. Ceux qui, à
Leipzig, organisaient le congrès ouvrier, Rossmäsler,
homme de science et démocrate, F. W. Fritzsche et
Julius Vahlteich, ouvriers socialistes de l'école de
Weitling, ne tenaient nullement à combattre les progressistes au moment de la lutte pour faire plaisir au
gouvernement prussien. Il revint donc bredouille et vit
son rôle bientôt terminé à Berlin. Quand on l'inter-
rogeait au sujet de son train de vie assez coûteux et qui
convenait peu à un « sans travail », il faisait de
mystérieuses allusions à une dame riche et distinguée à
laquelle il avait su plaire ; comme il était joli garçon, il
n'y avait rien là de trop invraisemblable. Puis, ce personnage énigmatique disparut de la scène, pour remonter
sur l'eau, plus tard, sous la forme d'un policier prussien.

Seize ans après, à la séance du Reichstag du 16 septembre 1878, Bebel jeta à la face de Bismarck — monté
depuis au rang de prince — la « mission » d'Eichler. Le
chancelier chercha, le lendemain, à jeter le louche
personnage par-dessus bord, en mettant à profit une
erreur chronologique du député socialiste. Bebel avait
daté de septembre au lieu d'octobre 1862 la visite
d'Eichler à Leipzig. Mais, confiant dans l'effet de cette
manœuvre, Bismarck laissa échapper les aveux suivants :
« Eichler aurait réclamé plus tard le paiement de
services qu'il n'avait pas rendus », et que ce n'était
qu'alors qu' « il s'était rappelé que ce Eichler avait été
au service de la police et qu'il lui avait fourni des
renseignements (1). » En d'autres termes, la prétendue

(1) Cf. le compte-rendu sténographique officiel des débats sur la loi
contre les socialistes, publié en 1878 sous le titre de : *La social démocratie devant le Reichstag allemand.*

dame distinguée, ou, comme le disait à cette époque le *Leipziger Volkstaat*, « la catin aristocratique » se trouvait être tout simplement la présidence de la police de Berlin.

A ce moment, c'est-à-dire quand, le 13 octobre 1862, Bismarck eut prorogé le Landtag, Lassalle prononça son second discours sur la question constitutionnelle. Il insiste sur ce fait que les événements ont confirmé ce qu'il avait développé dans sa première conférence. La *Kreuzzeitung*, l'organe des conservateurs, le ministre de la guerre de Roon, le président actuel du Conseil des ministres, Bismarck, avaient confirmé sa théorie : pour eux aussi, les questions constitutionnelles sont des questions de force. S'appuyant sur sa force, le gouvernement a persisté à se soustraire aux décisions de la Chambre. Il s'agit pourtant moins d'assurer l'existence à la constitution de 1850, dont plusieurs prescriptions n'intéressent nullement la nation, que de maintenir le droit de la représentation nationale en matière de budget, et de faire du régime parlementaire une vérité : « C'est en effet en lui, et en *lui seul*, que réside l'essence de tout gouvernement véritablement constitutionnel. » Doit-on recourir à ce moyen : refuser les impôts ? Non, répond Lassalle. Ce moyen n'est efficace qu'entre les mains d'un peuple qui, comme la nation anglaise, dispose des nombreuses forces du pouvoir organisé. Ce refus n'aurait un sens que s'il servait à déchaîner une insurrection générale. Mais, dans les conditions *actuelles*, personne ne songe à un semblable soulèvement. » Le seul moyen est de « *dire ce qui est.* » La Chambre, dès qu'elle se réunira, doit aussitôt « dire ce qui est. » C'est là « la plus puissante des méthodes politiques. » La Chambre doit empêcher le gouvernement de continuer plus longtemps à persister dans son faux constitutionalisme. Dès sa première réunion, elle devra décider que tant que le gouvernement persistera à violer la constitution, elle se refusera, en continuant à siéger et à légiférer, à aider celui-ci à garder l'apparence d'une conduite constitutionnelle. Elle devra décider de « proroger ses séances *sine die*, c'est-à-dire aussi longtemps que le gouvernement n'aura pas prouvé qu'il a cessé de ne pas tenir compte du vote du budget par la représentation nationale. » Cette résolution, une fois adoptée par la Chambre, le gouvernement serait vaincu. Une dissolution ne lui servirait de rien : les nouveaux députés seraient élus sur le même mot d'ordre. Mais il ne pourrait gouverner sans Chambre. Son crédit, sa considération, son influence à l'étranger souffriraient tellement de cette situation qu'il se verrait, tôt ou tard, *contraint* de céder. Il n'y avait pas d'autre moyen, du reste, de terminer le conflit. En continuant à siéger, tout en refusant de voter des crédits, tous les crédits même, on donnerait à la nation et au gouvernement la douce habitude de ne tenir aucun compte des décisions de la Chambre. Ce serait encore pis si la représentation nationale se laissait aller à conclure un compromis, si, par exemple, on lui accordait en échange la réduction du service militaire à deux ans. Non, pas de concession dans cette *question constitutionnelle fondamentale*. Plus le gouvernement montre d'insolence, plus son humiliation sera grande quand il lui faudra céder. « Il n'en reconnaîtra que mieux que la puissance sociale du peuple lui est supérieure, quand il devra, plus tard, revenant sur ses pas, *s'incliner devant la nation et devant la Chambre*. Mais alors « pas de réconciliation, messieurs ! » Pas de nouveau compromis avec l'ancien absolutisme, mais *« la main à la gorge et le genou sur la poitrine ! »*

Dans toute cette conférence, Lassalle observe une attitude conciliante vis-à-vis du parti progressiste. « Par amour de l'unité », il imposera silence aux graves accusations qu'il a sur le cœur. Il n'attaque que la *Volks-Zeitung* et ses suivants dont la politique consiste à dire ce qui n'est pas. Ces « pauvres d'esprit », en s'efforçant de présenter faussement le gouvernement comme constitutionnel, sont en très grande partie responsables de l'état actuel des choses. Mais, paix au passé, messieurs! »

Il est presque certain que Lassalle, au fond de son cœur, ne nourrissait pas le moins du monde des sentiments aussi pacifiques à l'égard des progressistes. Il était bien douteux que ce parti se rangerait à ses propositions ! Ce ton conciliant n'était en vérité pas beaucoup plus qu'un artifice de rhétorique qui lui assurerait dans la suite une position d'autant plus forte contre les progressistes. On a vu précédemment qu'il n'était pas adversaire absolu d'une collaboration temporaire avec le parti avancé de la bourgeoisie, et au point de vue des principes, la situation ne comportait pas des objections très graves. Mais il était devenu de plus en plus douteux que les progressistes voulussent s'engager avec lui et lui accorder cette influence sur leur tactique à laquelle il croyait pouvoir prétendre.

Rupture avec le parti progressiste
La « Lettre ouverte » : sa partie politique

Les progressistes n'acceptèrent pas les conditions de paix, c'est-à-dire la méthode de combat proposée par Lassalle. Et, à leur point de vue, on ne saurait leur donner tort. La proposition de Lassalle était excellente, à condition de la pousser de suite à l'extrême, si l'on était résolu à répondre à un coup d'Etat — suprême issue que cette tactique laissait ouverte au gouvernement — par la Révolution. Mais les chefs des progressistes n'étaient pas des révolutionnaires, aussi préférèrent-ils la méthode dilatoire, c'est-à-dire la renonciation volontaire de la tribune de la Chambre qui devait, en effet, aboutir à cette fameuse « résistance passive » dont Lassalle lui-même faisait à bon droit des gorges chaudes. Mieux qu'en s'ajournant *sine die*, on pouvait, en refusant obstinément le budget, proclamer hautement, fortement « ce qui était » ; on tenait peut-être plus puissamment éveillée l'opinion publique. De plus, on ne donnait pas au gouvernement qui violait la constitution l'apparence d'un droit à le faire. La tactique des progressistes se réduisait surtout à représenter le gouvernement comme le représentant de la force opposée au droit. « Ses principaux porte-paroles, dit fort justement Becker, appartenaient surtout au monde du barreau et des tribunaux ; ils étaient accoutumés à

l'élasticité des choses juridiques ; ils inclinaient à considérer le conflit entre le gouvernement et la majorité de
la Chambre comme un long litige légal. »

Ils reprochèrent de nouveau à Lassalle d'avoir,
comme le gouvernement, mis la force au-dessus du
droit. C'est alors seulement — et non après sa première
conférence sur « la Constitution », comme le prétend
Becker et après lui la plupart des « historiens » du
mouvement lassallien — que Lassalle écrivit l'article
« Force et Droit », où il jeta délibérément le gant au
parti progressiste.

Il lui fut facile de montrer en quelques mots tout le
ridicule de cette accusation, et de prouver en même
temps à ses adversaires que leur idole Schwerin, dont
ils célébraient si haut la déclaration qu'en Prusse « le
droit prime la force », avait participé à une douzaine au
moins de violations du droit, où la force avait mani-
festement primé le droit. « Personne en Prusse n'a le
droit de parler du Droit, s'écrie-t-il, sauf la démocratie,
l'ancienne, la vraie démocratie. Seule elle est restée
fidèle au droit, jamais elle ne s'est abaissée à composer
avec la force. » Et encore : « C'est du côté de *la seule
démocratie* qu'est le *droit* et c'est aussi *de son côté que
sera la force.* »

Cette déclaration de guerre fut envoyée sous forme
de rectification à la *Reform*, organe radical de
Berlin. Le journal en refusa l'insertion. Et cependant
encore, au mois de juin 1862, Lassalle en disait du bien
à Marx. La *Vossische Zeitung* alla même plus loin : elle
refusa d'accepter l'article sous forme *d'insertion payée*.
Lassalle le fit alors paraître à Zurich, comme « Circulaire ouverte » (1).

Deux mois s'écoulèrent entre la publication de la

____

(1) *Offenes Sendschreiben.*

deuxième conférence sur la Constitution (décembre 1862) et la composition de la « Circulaire ouverte ». Antérieurement à cette époque, le 2 novembre 1862, une grande réunion publique eut lieu à Berlin, dans laquelle une espèce de compromis fut conclu entre les ouvriers et les chefs du parti progressiste. Les premiers se déclarèrent disposés à ajourner leur congrès, et les progressistes protestèrent de leur sympathie pour le mouvement ouvrier, ayant pour but l'amélioration économique et sociale de la situation des travailleurs. Les ouvriers F. W. Fritzsche et Julius Vahlteich, venus à Berlin comme délégués du comité ouvrier de Leipzig, prirent part également à cette réunion. Eux aussi déclarèrent qu'ils n'avaient pas le moins du monde l'intention de susciter des luttes entre travailleurs et progressistes. Leurs discours firent une impression si favorable que Leipzig reçut, de la part de Berlin et d'autres villes, le mandat formel de préparer le congrès et de veiller à sa convocation en temps opportun. Dès lors, le comité de Leipzig prit le nom de « Comité central pour la convocation d'un congrès ouvrier général de l'Allemagne. »

Il ne faut pas penser cependant qu'on fût disposé à Leipzig à marcher à la remorque des progressistes. « Nous supporterons les progressistes », avait déclaré Vahlteich à Berlin, ce qui prouve déjà qu'on avait conscience de la différence d'idées et d'aspirations existant dans les deux groupes, bien que les ouvriers ne fussent pas encore tout à fait décidés sur la route à suivre comme groupe indépendant. Mais cette indécision ne dura pas longtemps.

Un jeune démocrate berlinois, Ludwig Löwe, futur député progressiste, appela l'attention de la députation sur Ferdinand Lassalle et ses écrits. Lassalle était à Breslau où son père venait de mourir. On se procura ses discours qu'on fit circuler parmi les ouvriers, et le comité central entra en correspondance avec lui. On peut facilement imaginer combien ce fait affermissait encore la décision de Lassalle de retirer son : « Paix au passé, messieurs ! » Quand il publia « Force et Droit », il s'était déjà entendu avec le comité de Leipzig ; celui-ci lui demanderait officiellement d'exposer ses idées sur le mouvement ouvrier et sur la question des associations (c'est-à-dire des sociétés coopératives). Il le ferait dans la forme qui lui conviendrait le mieux. Les gens de Leipzig, c'est-à-dire les éléments actifs de l'Association ouvrière de cette ville, formant le Comité central, savaient fort bien où ils voulaient en venir. Ce n'était nullement, comme le prétend Bernhard Becker dans sa peu véridique « Histoire du mouvement lassalien », la « conscience de leur peu de lucidité » qui poussa les membres du comité, dans un « Appel aux travailleurs allemands » daté du 10 février 1843, à décider qu'on hâterait, mais sans précipitation, la convocation du congrès projeté. Le congrès devait certes se tenir le plus tôt possible, mais il fallait que d'abord la réponse de Lassalle eût produit son effet. Seule l'animosité personnelle de Becker peut ainsi lui faire falsifier l'histoire, et prétendre que le comité « sonna la retraite » alors qu'il ne songeait à rien moins qu'à se retirer. Dans la même séance où il lança l'appel dont nous venons de parler, il décida d'envoyer à Lassalle la lettre suivante qui, en effet, partit à son adresse dès le lendemain :

« Monsieur Ferdinand Lassalle,

Berlin.

« Votre brochure : « Du rapport particulier entre la période historique actuelle et l'idée de la classe ouvrière » (1) a été partout accueillie ici avec grande faveur par les travailleurs, et le Comité central s'est prononcé dans ce sens dans l'*Arbeiter-Zeitung*. D'autre part, de différents côtés ont été exprimés des doutes très sérieux sur le degré d'efficacité des associations recommandées par Schulze-Delitzsch : on se demande si elles pourront assister suffisamment la grande majorité des ouvriers qui ne possède rien ; si surtout elles modifieront la situation du travailleur dans l'Etat autant qu'elle doit l'être de toute nécessité. Le Comité central a développé ses idées à ce sujet dans l'*Arbeiter-Zeitung* (n° 6). Il croit que le système de l'association coopérative, dans les conditions actuelles, ne peut produire des résultats satisfaisants. Mais comme de tous côtés on recommande les idées de Schulze, on les recommande comme décisives pour la classe ouvrière — et nous entendons par elle la classe la plus opprimée de la nation, — comme, d'autre part, on peut certainement concevoir d'autres voies et moyens que ceux préconisés par Schulze pour atteindre les buts du mouvement ouvrier, le Comité central, dans sa séance du 10 février, a décidé à l'unanimité : « de vous demander d'exposer, sous la « forme qui vous conviendra le mieux, vos idées sur le « mouvement ouvrier, sur la tactique qu'il doit suivre, « sur la valeur des associations pour la classe de la « nation la plus complètement dépourvue de res- « sources. »

    « Nous attachons la plus grande valeur aux conceptions que vous avez exprimées dans la brochure que nous avons citée plus haut, aussi saurons-nous complètement apprécier ce que vous nous communiquerez. Nous vous prions enfin de donner satisfaction à notre

---

(1) *Ueber den besonderen Zusammenhang der gegenwärtigen Geschichts-Periode mit der Idee des Arbeiterstandes.*

demande le plus tôt possible, parce que nous tenons beaucoup à hâter le développement du mouvement ouvrier.

« Salut et poignée de main !

« Leipzig, 11 février 1863.

« Pour le Comité central d'organisation d'un congrès « général des ouvriers allemands.

« OTTO DAMMER. »

La réponse à cette lettre constitue la *Lettre ouverte en réponse au Comité central de Leipzig pour l'organisation d'un congrès général des ouvriers allemands, par Ferdinand Lassalle*, publiée le 1ᵉʳ mars 1863 (1).

Avec cet écrit, avec son adoption par le Comité et par l'Association ouvrière de Leipzig commence à proprement parler la propagande socialiste de Lassalle ainsi que l'histoire de l' « Association générale des ouvriers allemands. »

---

(1) *Offenes Antwortschreiben an das Zentral-Komitee zur Berufung eines allgemeinen deutschen Arbeiter-Kongresses zu Leipzig.*

La « Lettre ouverte »
au Comité central de Leipzig

La « Lettre ouverte » de Lassalle combat d'abord l'opinion que les ouvriers n'ont pas à se préoccuper de politique. C'est le contraire qui est vrai ; ils doivent s'y intéresser, mais ils ne doivent pas le faire en se considérant comme le « chœur désintéressé » du parti progressiste. La preuve que ce parti n'avait du reste pas une telle prétention se fonde chez Lassalle essentiellement sur l'attitude qu'il a observée dans le conflit constitutionnel. Aussi n'a-t-elle pas toujours la même valeur démonstrative. Quand, par exemple à la page 4 de son œuvre, Lassalle reproche à ce parti de n'avoir pour objet de sa lutte que l'obtention du droit de voter le budget, il oublie que lui-même, dans sa deuxième conférence sur l'*Essence d'une Constitution*, affirme que c'était bien là le but de la bataille que l'on devait poursuivre avec la dernière énergie. Le parti progressiste pouvait encore se réclamer de lui à un autre point de vue. Lassalle lui reproche en effet comme une faute politique de s'être « efforcé par son dogme de l'hégémonie prussienne de voir dans le gouvernement prussien le messie autorisé de la renaissance allemande, alors que, y compris la Hesse même, il n'existe pas un seul gouvernement allemand qui, au point de vue politique, soit en retard sur la Prusse, alors que, y compris l'Autriche (!!), il existe à peine un seul gouver-

nement allemand qui ne dépasse de beaucoup la
Prusse (1). »

Au fond, Lassalle avait naturellement raison. L'organisation des travailleurs en un parti politique
indépendant, possédant un programme propre, était
une nécessité historique, et si le développement politique
de l'Allemagne permettait de douter que ce fût bien le
moment de détacher les travailleurs de l'armée
progressiste en lutte contre l'absolutisme, d'un autre
côté, il y avait suffisamment de raisons qui exigeaient
cette scission. De plus, organiser les travailleurs en
parti indépendant, ce n'était pas, en soi, diminuer la
force agressive du parti progressiste. C'en fut la
conséquence, mais la faute en revint en grande partie
aux progressistes eux-mêmes, à leur conduite vraiment
étroite vis-à-vis du nouveau mouvement. La faute, sans
nul doute, en fut aussi partiellement au programme que
Lassalle lui donna.

En parlant du « *Programme ouvrier* », nous avons
vu quelle conception abstraite, purement idéologique,
Lassalle attachait à la notion d' « Etat ». On peut dire,
sans nulle exagération, qu'il rendait un vrai culte à
cette idée. « Je défends avec vous le feu sacré primitif,
le feu de Vesta contre les barbares modernes », le parti
manchestérien, s'écrie-t-il dans son plaidoyer « *les
Impôts indirects* » aux juges de la Cour d'appel de
Berlin. De semblables passages se trouvent dans presque
tous ses discours. L' « Etat » est le point le plus
vulnérable de la doctrine lassallienne, son talon d'Achille
au vrai sens du mot. Sa conception de l' « Etat »,
idéologique, conforme à l'hegelianisme orthodoxe poussa
Lassalle à inspirer aux ouvriers une vénération presque
mystique, alors qu'il s'agissait pour eux de se débarrasser

(1) Page 7 de la première édition.

en premier lieu de la tutelle de l'Etat policier. Il est fort
agréable d'entendre dans la « *Lettre ouverte* » dire aux
travailleurs : « Comment ! vous voulez discuter le droit
de libre établissement ? Je ne puis vous répondre que
par le distique de Schiller :

« Depuis des années, je me sers de mon nez pour
sentir. Mais ai-je bien sur lui un droit démontrable ? »

La liberté d'établissement et la liberté d'industrie
sont des choses que, dans les corps légiférants, « on
décrète sans mot dire, mais qu'on ne discute plus ». En
fait, l'une et l'autre, de même que la liberté de coalition,
n'existaient pas, et cependant les ouvriers en avaient
infiniment besoin. La raison véritable pour laquelle la
liberté d'établissement et la liberté du commerce ne
devaient occuper qu'un rang relativement inférieur
dans les préoccupations d'un congrès ouvrier, c'est
qu'elles étaient aussi et même surtout des revendications
importantes du libéralisme bourgeois. Mais il n'était pas
superflu cependant de les mettre en discussion, parce
que dans les sphères ouvrières on avait encore des
idées fort confuses sur leur signification et leur
importance.

Lassalle écarta ces questions, parce qu'il accordait
plus de valeur au subventionnisme de l'Etat. Tout
d'abord pour la chose en elle-même ; en second lieu,
parce qu'il voyait dans l'indication d'une assistance
future de l'Etat le seul moyen efficace de stimuler la
classe ouvrière pour la lutte politique, de l'émanciper
de la tutelle des partis bourgeois tout en l'incitant à la
conquête des revendications démocratiques. On ne peut
douter que ce second point fût pour lui le plus important.
Il l'était d'ailleurs par la situation même. La question
était de savoir si la méthode et les moyens grâce
auxquels il cherchait à atteindre ce but, étaient bons.

Pour convaincre les travailleurs de l'inefficacité du

« self-help », tel qu'il était prôné par les bourgeois.
Lassalle s'appuya sur la loi des salaires dans la
production capitaliste, telle qu'elle avait été formulée
par les classiques de l'économie politique et surtout par
Ricardo. C'est cette « loi d'airain, loi cruelle qui a pour
résultat que, sous le régime de l'offre et de la demande,
le salaire moyen reste toujours réduit à la subsistance
nécessaire, ordinairement indispensable dans une nation
donnée pour entretenir l'existence et la reproduire. »
Qu'il s'élève périodiquement au-dessus de ce niveau, et
les facilités du mariage et de la reproduction produisent
une augmentation de la population ouvrière et de l'offre
de travailleurs. La conséquence en est que le salaire
retombe à son taux primitif. S'il s'abaisse au-dessous,
l'émigration, l'accroissement de la mortalité chez les
travailleurs, la rareté des mariages, la restriction de la
procréation déterminent une diminution de l'offre de
travailleurs, et les salaires remontent. Ainsi « salariés
et salaires » oscillent toujours autour de la limite extrême
de ce qui est indispensable à chaque époque à l'entretien
de la vie, et cela « ne change *jamais* ».

Aussi toute tentative de la classe ouvrière d'améliorer
la situation de ses membres par leurs efforts individuels
est-elle nécessairement frappée d'impuissance. On se
trompe de même en voulant améliorer le sort des
travailleurs par des sociétés de consommation. Aussi
longtemps qu'elles restent isolées, elles peuvent ça et là
procurer quelques avantages aux ouvriers. Mais du
moment où elles se généralisent, ils perdent comme
producteurs, par la diminution de leur salaire, ce qu'ils
gagnaient comme consommateurs dans l'achat d'articles
de nécessité. La condition des classes laborieuses ne
peut être libérée d'une façon durable de cette loi
économique que si elles reçoivent au lieu du salaire le
produit du travail, si la classe ouvrière devient son propre

employeur, son propre patron. Mais on ne peut atteindre
ce but par la création de sociétés fondées sur le principe
du « self-help ». D'abord, les moyens de les établir
manquent. Ensuite, elles courent risque de voir s'y
introduire un esprit mercantile. Ses membres deviennent
trop souvent de « répugnantes caricatures d'ouvriers
ayant un esprit de patron ». Les grands problèmes
demandent pour les résoudre de grands moyens. Aussi
faudrait-il créer les associations sur une vaste échelle,
les étendre à la grande industrie. Mais les moyens de le
faire faisant défaut, c'est donc à l'Etat d'y pourvoir, de
fournir le capital, c'est-à-dire le crédit indispensable.

Ce n'est du reste là nullement du communisme ou du
socialisme. « Rien n'est plus éloigné de ce qu'on appelle
communisme ou socialisme que cette revendication.
Les classes laborieuses conserveraient, en effet, exactement comme aujourd'hui, leur liberté individuelle, leur
mode d'existence individuel, la rémunération individuelle
de leur travail. Elles n'auraient avec l'Etat d'autre
attache que le capital que celui-ci leur aurait avancé ; le
crédit nécessaire à leur association serait fourni par
lui. » Mais l'objet de l'Etat est précisément de faciliter,
de réaliser les grands progrès de l'humanité. « C'est
pour cette raison qu'il *existe*, c'est à cela *qu'il a toujours
servi*, qu'il doit servir toujours. » Mais « qu'est-ce donc
que l'Etat ? » Et Lassalle reproduit les résultats de la
statistique du revenu en Prusse pour l'année 1851. Dans
cette année, 89 °/₀ de la population avaient un revenu
inférieur à 200 thalers, 7 1/4 °/₀ de la population un
revenu de 200 à 400 thalers, de sorte que 96 1/4 °/₀ se
trouvaient dans une situation malheureuse, misérable.
« C'est donc à *vous*, messieurs, aux classes qui souffrent
de la misère qu'appartient l'Etat, et non à nous, les
classes supérieures, car c'est vous qui le constituez, qui
en formez tous les éléments ! » Qu'est-ce donc que l'Etat,

demandais-je? Et quelques chiffres, mieux que n'auraient pu le faire de gros volumes, vous répondent d'une façon frappante : *votre grande association, la grande association des classes les plus pauvres,* voilà l'Etat. » Et comment l'amener à cette intervention que nous réclamons de lui ? Cela n'est possible que grâce au suffrage universel et direct. Ce n'est que lorsque les assemblées légiférantes de l'Allemagne procèderont du suffrage universel et direct, ce n'est qu'« alors, et alors seulement qu'elles pourront déterminer l'Etat à ne pas se soustraire à ce devoir. » Le suffrage universel et direct « n'est pas seulement *votre principe fondamental* en matière *politique,* il l'est encore en matière *sociale,* il est la condition fondamentale de toute assistance sociale. » Aussi les ouvriers doivent-ils s'organiser en une vaste association générale dans toute l'Allemagne, ayant pour but l'établissement du suffrage universel et direct dans tous les pays allemands. Si les 89, les 96 °/₀ de la population comprenaient cette revendication comme une *question de ventre,* et la propageaient dans le corps entier de la nation avec la chaleur communicative qui convient, aucune puissance au monde ne pourrait y résister. « Tout l'art des succès *pratiques* consiste à concentrer toute sa force, à tout moment, sur un seul point, sur le point le plus important, et à ne pas regarder à droite et à gauche. Regardez droit devant vous et soyez sourds à tout ce qui n'est pas suffrage universel et direct, à tout ce qui n'a pas de rapport avec lui ou ne peut y conduire. »

Tel est, sous la forme la plus concise possible, le contenu de la « *Lettre ouverte* » et même le résumé de toute la propagande lassallienne. Naturellement, Lassalle n'a pas dit là son dernier mot ; néanmoins, il a toujours fermement tenu à enfermer le mouvement dans les limites de cette unique revendication : « Suffrage universel et direct, et par lui, assistance de l'Etat en faveur des associations de production. » Il l'a fait en vertu du principe que nous venons de citer, à savoir que tout l'art des succès pratiques consiste à concentrer toute sa force, à tout moment, sur un *seul* point. Il est important de ne pas perdre de vue ce principe, si l'on veut apprécier équitablement le rôle d'agitateur et de propagandiste joué par Lassalle. Au moins à ses débuts, son activité a eu pour objet d'aboutir au succès pratique immédiat. Dans sa « *Lettre ouverte* », il rappelle spécialement la propagande et le succès de la Ligue anglaise contre les droits sur les céréales. L'agitation des chartistes anglais paraît de même avoir hanté son esprit. Ce qui le montre, c'est l'expression de « question du ventre » qui fait songer à la déclaration du prédicateur chartiste Stephens : « Le chartisme, mes amis, n'est pas une question politique, c'est la question de la fourchette et du couteau. »

L'état des conditions permettait-il d'espérer qu'une propagande ainsi conçue pût ménager un succès pratique immédiat ? Je crois qu'il faut répondre affirmativement à cette question. Il importe peu, à mon avis, que plus tard Bismarck ait fait élire par le suffrage universel la Diète de l'Allemagne du Nord. Bien des circonstances auraient pu empêcher que la chose arrivât, sans que l'on pût pour cela infirmer le calcul de Lassalle. Par contre, bien que le système électoral des trois classes fût conservé pour l'élection au Landtag prussien, Lassalle avait encore raison, son calcul s'accordait avec la situation politique d'alors. Il savait fort bien que, si dans le camp des progressistes, le suffrage universel rencontrait beaucoup d'adversaires et ne pouvait compter que sur des partisans tièdes, les sphères gouvernementales voyaient avec une défaveur de plus en plus marquée le régime des trois classes. Les organes du gouvernement s'exprimaient ouvertement dans ce sens. De plus, Lassalle, comme nous l'avons vu, entretenait des relations qui lui permettaient d'être exactement renseigné sur les intentions de la Cour et du Cabinet. Si, dans le conflit constitutionnel, le gouvernement ne voulait pas céder, il ne lui restait plus qu'une issue, à moins qu'il ne survînt une guerre extérieure qui d'ailleurs pouvait lui être fatale : il devait imiter Napoléon III, dissoudre le Landtag et octroyer un autre mode de suffrage « plus démocratique ». Et le gouvernement se sentirait d'autant plus disposé à suivre cette voie, qu'un mouvement puissant, indépendant du parti progressiste, ayant pour programme l'abolition du régime des trois classes, venait de se produire et prenait déjà des proportions considérables. Dans l'éventualité d'une guerre, ce devait être aussi la meilleure solution : il n'aurait pas à compter, à l'occasion, avec l'hostilité de la nation tout entière (1).

(1) Plus haut, en parlant de la « *Guerre d'Italie* », nous avons vu combien Lassalle envisageait froidement l'effet des complications extérieures sur la politique intérieure. Lassalle ne se montrait nullement un patriote modèle. Un passage de sa deuxième conférence sur « *l'Essence d'une Constitution* » est à cet égard fort caractéristique. Nous en parlons ici, avec raison, croyons-nous, parce que la proposition qu'y fait Lassalle ne comporte que deux solutions : le Coup d'État ou la Révolution. Il montre combien intolérable, impossible serait la situation diplomatique de la Prusse si l'on acceptait sa proposition. Puis Lassalle continue : « Que personne d'entre vous, messieurs, ne croie qu'il y ait là un raisonnement antipatriotique, etc. (Cf. « De l'Essence d'une Constitution », 1ʳᵉ éd., p. 33-34). Ce passage contient beaucoup de choses exactes, mais il y a aussi deux points qu'il importe de ne pas oublier. Tout d'abord, la rivalité des gouvernants peut constituer un facteur important du progrès des peuples. Il l'a été souvent et d'une façon incontestable. Mais bien des fois elle a agi en sens contraire, a été un obstacle au progrès. Rappelons-nous seulement les deux faces du militarisme actuel. En second lieu, une guerre extérieure ne peut rayer, il est vrai, un grand peuple civilisé du rang des nations. Mais elle peut le léser si grièvement dans ses intérêts vitaux que c'est un événement que l'on peut faire entrer en ligne de compte, mais sur lequel cependant il ne faut jamais spéculer. Dans

Au point de vue du succès politique immédiat, Lassalle avait donc incontestablement raison. Il était possible de conquérir le suffrage universel en suivant la voie qu'il avait indiquée. A une *seule* condition cependant. Si le gouvernement l'accordait pour ne pas céder aux progressistes, la solution du conflit constitutionnel s'en trouvait au moins retardée. « Soyez *sourds* à tout ce qui n'est pas suffrage universel et direct, qui n'a pas de rapport avec lui ou ne peut y conduire », lit-on dans la « *Lettre ouverte* ». Une fois le suffrage universel et direct établi, il résoudrait également cette difficulté. Lassalle ne le dit pas expressément, mais on doit l'admettre logiquement, comme une conséquence naturelle. Mais Lassalle avait-il raison de croire à la solution de cette question par l'avénement du suffrage universel, d'attendre les autres choses de sa venue?

Du temps de Lassalle, la France seule fournissait aux nations des expériences au sujet du suffrage universel et direct. Et ces expériences n'étaient pas précisément en faveur de ce mode de votation. Pendant la République de Février, il avait bien fait entrer quantité de socialistes dans la représentation nationale, mais leur voix avait bien été étouffée par les députés des divers partis bourgeois. Le suffrage universel avait si peu empêché le coup d'état de Bonaparte, que celui-ci avait pu l'entreprendre en qualité de « restaurateur » de ce suffrage. Quand la République de Février naquit, le prolétariat parisien la proclama République *sociale*. Toute une période de propagande socialiste très intense l'avait précédée. On pouvait croire, qu'au cours des

l'exemple présent, Lassalle ne fait que le premier pas, mais comme nous le montrent la dernière phrase de ce passage et ses lettres, il était très disposé à faire le second. C'est d'ailleurs une tendance très répandue, mais qui n'en est pas moins répréhensible et n'en doit qu'être plus sérieusement combattue temps et étant données les conditions nécessaires, elle aboutit à une véritable République socialiste. Pourquoi n'en fut-il rien ? Pourquoi put-elle être renversée par l'Empire ?

A la fin de son « *Programme ouvrier* », Lassalle dit que ce n'est pas « *la* République » qui a été renversée le 2 décembre 1851, mais seulement la république bourgeoise qui, par la loi électorale de mai 1850 avait aboli le suffrage universel et introduit un cens déguisé qui excluait les ouvriers du droit de vote. Mais la République du suffrage universel aurait trouvé « dans la poitrine des ouvriers français un rempart infranchissable. » C'est là tout simplement reproduire une rubrique des révolutionnaires petits-bourgeois à la Ledru-Rollin ; ce n'est pas résoudre la question, c'est l'ajourner. Où était donc ce « rempart infranchissable », quand cette Chambre, élue par le suffrage universel, abolit le suffrage universel ? Pourquoi les travailleurs parisiens n'empêchèrent-ils pas le coup d'état de la bourgeoisie ?

Si Lassalle s'était posé cette question, il se serait heurté à ce fait : la République de Février ne pouvait subsister comme république sociale, parce que la classe sur laquelle elle aurait dû s'appuyer n'était pas assez développée au sens *social* du mot. Le prolétariat moderne de l'industrie était présent, il avait été assez fort pour jeter à bas pour un moment tout l'ordre existant, mais trop faible pour l'y maintenir. Nous rencontrons ici encore le vice fondamental du mode de conception de Lassalle. Même quand il cherche à pénétrer le plus profondément les causes des événements historiques, son esprit tout juridique l'empêche de saisir complètement leur aspect social ; pour ce qui est du côté économique, il ne s'y attaque que quand il s'est condensé déjà en une forme juridique. C'est ainsi seulement que nous pouvons nous expliquer que pour apprendre aux travailleurs de quels éléments se compose la population de l'Etat, il s'en tient à la statistique de la *répartition du revenu* et à cela *exclusivement*. La dispute violente qui a surgi au sujet de ce passage de la *« Lettre ouverte »* est au fond relativement insignifiante. Il se peut que Lassalle se soit trompé dans sa statistique de quelques pourcents dans un sens ou dans l'autre, mais qu'importe ? Le fait est là, la grande masse de la population vit dans des conditions misérables, tandis que seule une petite minorité est dans l'abondance. Les Wackernagel et consorts qui combattaient alors Lassalle pouvaient employer toutes les ressources de leur casuistique : ils n'auraient jamais pu parvenir à controuver cette vérité. Ce qui est plus important, c'est que Lassalle ne se préoccupe pas de savoir de quels éléments différents se composent les 89 ou les 96 % de la population dont la « grande association », disait-il, forme l'Etat. Il ne recherche pas quelle fraction forment les petits artisans et petits paysans, et surtout les travailleurs agricoles qui en grande partie sont complètement sous la tutelle intellectuelle de leurs employeurs. A cette époque, plus de la moitié de la population de la Prusse s'adonnait à l'agriculture (1), les grandes villes ne jouaient pas à beaucoup près le rôle qu'elles jouent aujourd'hui ; au point de vue industriel, toute la partie est de la monarchie n'était qu'un désert avec, ça et là, quelques rares oasis.

Dans ces conditions, comment le suffrage universel eût-il pu modifier la composition de la Chambre ? Pouvait-on espérer qu'il donnerait de meilleurs résultats qu'en France en 1848 et 1849 ? Certes non. Il pouvait introduire un certain nombre de représentants des

---

(1) En fait c'étaient encore plus que les deux tiers. — Ed. B.

travailleurs dans la Chambre, et, en soi, c'était fort à souhaiter. Mais à tout autre point de vue, il devait empirer la composition de la Chambre au lieu de l'améliorer, s'il remplissait du moins l'office que Lassalle réclamait de lui, c'est-à-dire s'il constituait un corps législatif, qui serait « l'image fidèle et exacte de la nation qui l'aurait élu ». Si lamentable en effet que fût alors la représentation nationale, elle était bourgeoise, il est vrai, mais libérale en somme. Lassalle oubliait que les classes pauvres, prises collectivement, forment dans certaines circonstances des troupes révolutionnaires, mais qu'elles ne sont nullement toutes, pour cette raison, révolutionnaires. Il oubliait que les 89 % n'étaient composés qu'en petite partie de prolétaires modernes.

Si donc il eût été possible d'obtenir le suffrage universel, il n'est nullement dit par là qu'il eût produit dans un temps raisonnable ce que l'on attendait de lui. Etant donné le degré de développement politique de la grande masse, le suffrage universel pouvait également provoquer un effet contraire et envoyer à la Chambre des députés réactionnaires au lieu de représentants des principes modernes. Ce n'est pas par intérêt de classe que les progressistes, dans leur totalité, se montraient les adversaires ou les tièdes partisans du suffrage universel ; une grande partie d'entre eux étaient des idéologues, et la marche des événements en France les avait rendus sceptiques sur sa valeur. Des socialistes pensaient également ainsi. Rappelons seulement que Rodbertus, dans sa « Lettre ouverte » au comité de Leipzig, avait également rappelé l'exemple de la France pour montrer que le suffrage universel « ne met pas nécessairement la puissance publique entre les mains de la classe ouvrière ». On a dit, ajoutait-il, que le suffrage universel n'est qu'un moyen pour arriver à une fin, mais les mêmes moyens conviennent « à des fins différentes et même aux fins les plus opposées. » — « Etes-vous certains, demande-t-il, que ce moyen doit conduire nécessairement au but que vous vous êtes proposé ? Je ne le crois pas. » Les lettres de Lassalle à Rodbertus prouvent que c'est l'hostilité de celui-ci pour le suffrage universel, plus encore que le peu d'estime qu'il avait pour les associations de production, qui l'empêcha d'adhérer à l'Association générale des ouvriers allemands, malgré les plus pressantes instances de Lassalle (1).

Quelle que soit d'ailleurs l'opinion que l'on ait sur Rodbertus, ses motifs se trouvent indiqués de la façon la plus indubitable à la fin de sa lettre, où il conseille aux travailleurs — bien que Lassalle ait raison de demander que l'on ne discute plus ces questions — d'inscrire dans leur programme la liberté d'établissement, le libre choix de l'occupation, comme choses toutes naturelles et allant de soi, pour éloigner d'eux tout réactionnaire qui pourrait leur nuire.

Si Rodbertus et d'autres encore exagéraient les dangers du bonapartisme, Lassalle, lui, les prenait trop à la légère. L'évolution que plus tard il accomplit réellement en ce sens, se trouvait dès l'origine, en germe chez lui. Un passage de la lettre à Marx — du 20 juin 1859 — que nous avons déjà citée en partie, et qui traite de la guerre d'Italie, est à ce point de vue extrêmement caractéristique. Voici ce qu'on y lit : « Au début, quand

(1) Il y avait originairement dans la « *Lettre ouverte* » de Rodbertus cette phrase : « Et je le *répète*, je ne crois pas que les associations de production contribuent, en aucune façon, à ce que l'on appelle la solution de la question sociale. » Sur le désir de Lassalle, ces mots furent omis à l'impression. Ils ne faisaient que reproduire ce qui avait été dit plus haut dans la lettre. Mais sous cette forme tranchante, écrivait Lassalle à Rodbertus, « ce passage aurait découragé les ouvriers, mis en présence de contradictions aussi marquées de leurs chefs. »

partout la nation fit éclater avec cette fureur extrême
son cri de guerre contre la France, la *Volks-Zeitung*
(Bernstein, un réactionnaire fieffé, à mon avis, en est le
rédacteur en chef) s'écriait triomphalement dans un
article de tête : « Veut-on savoir ce que signifie ce cri qui
s'élève contre la France chez tous les peuples ? Veut-on
en connaître la signification historique ? Il signifie —
l'*émancipation* de l'Allemagne de l'*évolution politique*
de la France. » Ai-je besoin de t'expliquer tout ce qu'il
y a de foncièrement réactionnaire dans ce cri de
triomphe ? Certainement non. Qu'une guerre avec la
France soit heureuse, et nos démocrates petits-bourgeois,
nos décentralisateurs, les ennemis de toute initiative, de
tout progrès social, verraient s'accroître leurs forces
d'une façon incalculable et pour longtemps, pour très
longtemps. Même si nous étions au beau milieu d'une
révolution allemande, l'effet de cette tendance se ferait
encore sentir. Il est vraiment inutile de donner de
nouvelles forces à l'ennemi le plus redoutable que nous
ayons, à l'individualisme renforcé des bourgeois allemands, en nous lançant dans une lutte sanglante contre
l'esprit social roman sous sa forme la plus classique,
contre la France. »

Ainsi s'exprimait Lassalle. Le rédacteur de la *Volks-
Zeitung*, mort maintenant, méritait sans aucun doute
à certains égards l'épithète que lui décerne ici Lassalle.
Mais la phrase citée justifiait moins cette épithète que
le reste de sa lettre. A ce moment, l'expression de l'évolution politique de la France était le bonapartisme. Le
parti de la *Volks-Zeitung* ne jurait que par l'Angleterre. C'était son modèle ; c'était étroit, mais non réactionnaire ou ce n'était réactionnaire que dans la mesure
où c'était étroit. Lassalle, qui voyait dans la centra-
lisation politique de la France un produit de l'esprit
social roman, qui l'identifiait avec la pensée fonda-

mentale du socialisme, et laissait de côté tout son aspect réactionnaire, n'était pas moins étroit.

Nous n'en dirons pas davantage sur le côté politique du programme lassallien. Passons maintenant à son côté économique.

VIII

La « Lettre ouverte » : sa partie économique. — La loi d'airain des salaires et les sociétés coopératives de production basées sur le « self-help ».

La loi du salaire sur laquelle Lassalle base sa théorie et qu'il qualifie de « loi d'airain », correspondait, comme je l'ai montré ailleurs (1) à une certaine méthode de production — la petite industrie — et à un état social fondé sur cette méthode. Notre société moderne est basée sur la grande industrie, sur le développement des moyens de communication, sur la succession rapide des crises, ses périodes de stagnation et de prospérité. Aussi cette loi s'applique-t-elle moins exactement à ces nouvelles conditions. Elle suppose que l'offre et la demande règnent en toute liberté sur le marché du travail. Dès que la classe ouvrière organisée se pose en face du patronat, dès que l'Etat et la législation interviennent et règlent les conditions du travail, cette loi est contrariée. Quand les libéraux objectaient à Lassalle que sa loi n'était plus actuellement applicable, ils avaient raison dans une certaine mesure — mais seulement dans une certaine mesure. Ces braves gens commettaient en effet des erreurs beaucoup plus graves que Lassalle.

Celui-ci insistait sur ce que la loi du salaire était une loi « d'airain ». Il pensait ainsi porter le coup le plus

(1) « *Neue Zeit* », année 1890-91. « *Zur Frage des ehernen Lohngesetzes.* »

grave à la société moderne en démontrant que jamais le travailleur ne recevait le produit intégral de son travail, toute sa part de l'article créé par lui. Il donnait à la question un aspect juridique, et au point de vue de la propagande, on a pu constater l'efficacité de cette méthode. Mais il n'allait ainsi nullement au cœur de la question. Dans les formes antérieures de production, l'ouvrier n'a jamais reçu le produit intégral de son travail. Et si une loi « d'airain » empêche que le salaire tombe longtemps au-dessous d'un certain minimum, et que ce minimum lui-même — comme Lassalle l'admettait expressément — s'élève au cours de l'évolution, lentement il est vrai, mais s'élève néanmoins, il était difficile de justifier la nécessité matérielle de l'intervention de l'Etat.

Lassalle n'a soulevé la véritable question que plus tard, et même alors seulement en passant. Ce qui rend si insupportable la situation de la classe ouvrière dans la société moderne, ce qui distingue son sort actuel de celui qu'elle avait sous l'empire des modes de production antérieurs, ce n'est pas que le travailleur ne reçoit en paiement qu'une fraction de la valeur nouvelle qu'il crée, c'est que cette rémunération est liée avec l'insécurité de l'existence prolétarienne, c'est la dépendance des contractions du marché universel se succédant à des intervalles de plus en plus courts, c'est sa dépendance des révolutions continuelles de l'industrie et des conditions du marché, c'est l'opposition criante entre le caractère de la production, de plus en plus social, et sa distribution anarchique, c'est par suite l'impossibilité croissante pour les travailleurs isolés de se libérer de la double dépendance du patronat et des vicissitudes du cycle industriel, le risque perpétuel d'être jeté d'une sphère de l'industrie dans une autre, inférieure, ou dans l'armée des sans-travail. Leur liberté apparente n'a fait qu'augmenter la dépendance des travailleurs. C'est elle qui pèse d'un poids d'airain sur la classe ouvrière, c'est le fardeau qui augmente à mesure que se poursuit le développement du capitalisme. Le niveau du salaire varie aujourd'hui suivant les différentes branches d'industrie ; de véritables salaires de famine on passe à une rétribution qui représente réellement un certain bien-être. De même, dans les différentes industries, le taux d'exploitation est également fort variable, soit supérieur, soit inférieur à celui des époques antérieures. L'élévation du salaire et le taux d'exploitation dépendent de facteurs très variables ; tous deux ne changent pas seulement d'industrie à industrie, mais sont encore, dans chaque branche, soumis à des modifications considérables. Seule est constante la tendance du capital à élever le taux d'exploitation, à arracher d'une façon ou d'une autre du surtravail à l'ouvrier.

Lassalle présente comme la cause essentielle des maux de la classe ouvrière dans la société moderne un fait qui n'est nullement la caractéristique du mode de production actuel. Comme nous l'avons dit, en effet, le travailleur n'a jamais reçu le produit intégral de son travail. Le vice fondamental de son remède éclate dès l'abord. Sa solution ne tient pas compte ou — pour ne pas faire tort à Lassalle — fait trop peu de cas de la puissance et de l'extension des lois de la production des marchandises et des actions et réactions économiques et sociales de ces lois sur l'ensemble de la vie économique moderne. Il nous faut ici distinguer soigneusement entre le moyen et le but de Lassalle. Son but était naturellement de supprimer le mode actuel de production des marchandises, son moyen par contre le laissait subsister, intact. Son but était la production organisée socialement. Son moyen était l'association individuelle qui se distingue de celle prônée par Schulze et ne s'en distingue qu'en cela, c'est qu'elle doit bénéficier du crédit de l'Etat, des ressources mises à sa disposition par l'Etat. Tout le reste, la fédération des associations, etc., est laissé à leur libre décision. On l'attend d'elle, mais on n'en fait pas une condition. L'Etat doit se borner à fournir à des travailleurs qui veulent s'associer les ressources indispensables, en leur ménageant le crédit nécessaire.

Les associations d'une industrie déterminée devront donc, tant qu'elles n'embrasseront pas tout le domaine industriel, entrer en concurrence avec les entreprises existant déjà dans cette branche, se soumettre aux conditions de cette concurrence. La conséquence inévitable de ceci, c'est que des intérêts particuliers se développeront au sein de ces sociétés. Chacune d'elles s'efforcera d'élever le plus possible son bénéfice, même au détriment d'autres associations ou d'autres catégories de travail. Qu'elles jouissent ou non du crédit de l'Etat, ces sociétés restent des entreprises privées de groupes de travailleurs plus ou moins considérables. Des qualités individuelles, des avantages individuels, des chances individuelles jouent chez elles un rôle marquant; la question des profits et des pertes a pour elles la même importance que dans toute entreprise privée. D'abord Lassalle, se fondant sur le mouvement en faveur des sociétés de production qui se dessina en 1848 à Paris, s'imagina que tous les travailleurs de certaines industries se grouperaient sur le champ en une vaste association. (1) En second lieu, il déclara expressément dans son « *Bastiat-Schulze* » (2) que dans chaque ville, « l'Etat

---

(1) J'ai montré ailleurs combien Lassalle surestimait l'essor coopératif de 1848. (Notes au Bastiat-Schulze). Ed. B.

(2) Cf. *Herr Bastiat-Schulze*, 1re édition, page 217.

n'accorderait son crédit qu'à une seule association dans chaque branche », — « en laissant l'entrée ouverte à tous les travailleurs de ce métier. » Mais même de semblables associations, unitairement constituées en chaque endroit, n'en entreraient pas moins en concurrence les unes avec les autres de ville en ville. La concurrence nationale serait supprimée dans ses conséquences économiques par de grandes sociétés d'assurance et de crédit reliant les associations. Mais il est clair que cette assurance est une pure chimère, si ce n'est pas tout simplement un autre nom pour désigner l'organisation nationale, la monopolisation nationale de l'industrie. Sans cela, la surproduction ne tarderait pas à tuer la société d'assurance. Et la surproduction est inévitable si l'Etat, comme Lassalle le déclare, laisse l'entrée des associations ouverte à tous les travailleurs de la même industrie. Ici Lassalle, pressé par sa conscience socialiste, s'embarrasse dans une grave contradiction. Laisser l'entrée libre, c'est obliger l'association à accepter tout ouvrier qui se présente. Mais, d'après la « *Lettre ouverte* », l'association doit garder sa complète indépendance vis-à-vis de l'Etat, elle ne doit abandonner à celui-ci que le droit d'approuver les statuts et de contrôler la gestion, de façon à sauvegarder ses intérêts. Mais l'obligation dont nous venons de parler en fait, d'une institution indépendante, une institution officielle, une institution d'Etat. Contradictoire comme elle l'était, une semblable organisation était incontestablement vouée à un échec.

Une seconde contradiction propre à l'association productive telle que l'entendait Lassalle est la suivante. Tant que les associations ne comprendront qu'une partie des entreprises d'une certaine branche, elles seront soumises aux lois de la concurrence, et cela d'autant plus que Lassalle a précisément en vue les exploitations de la grande production, qui forment les industries du marché universel. Mais là où il y a concurrence, il y a aussi risque commercial. La concurrence oblige l'industriel, que ce soit d'ailleurs une personne isolée, une société par actions ou une association, à s'exposer à la possibilité de voir ses produits rejetés du marché, comme dépréciés, c'est-à-dire comme produits d'un travail qui socialement n'est pas nécessaire. Concurrence et surproduction, concurrence et stagnation, concurrence et banqueroute sont inséparables dans la société actuelle. Les producteurs ne peuvent être maîtres de la production qu'à condition d'abolir la concurrence entre eux ; ils ne peuvent arriver à ce résultat que par le monopole. Mais tandis que dans la société moderne la concurrence a la haute mission de protéger le consommateur contre la fraude et de réduire constamment le coût de la production, le monopole, au contraire, tend à surfaire les produits au détriment du consommateur et au profit des monopoleurs, et, sinon à supprimer, du moins à ralentir les progrès de la technique. Et cela est surtout ainsi là où les travailleurs d'une industrie particulière eux-mêmes sont les détenteurs du monopole. La suppression du risque commercial pour les associations, s'il était possible dans la sphère de l'ordre capitaliste, s'effectuerait donc nécessairement aux dépens des consommateurs qui, toujours, forment la grande majorité vis-à-vis des producteurs.

Dans une communauté socialiste, il serait naturellement facile de remédier à cet état de choses. Mais une semblable société ne prendrait pas un détour pour arriver à la socialisation de la production, elle n'userait pas de l'expédient des associations productives. Elle commencerait par organiser la production sur une base sociale, quand bien même elle utiliserait la forme coopérative de travail. Mais transportée dans une société

capitaliste, la coopération ne peut éviter de prendre,
d'une façon ou d'une autre, un caractère capitaliste. Les
associations productives de Lassalle ne se seraient
distinguées de celles de Schulze-Delitzsch que quantita-
tivement, et non qualitativement; par leurs dimensions,
non par leur essence.

Telle était également l'opinion de Rodbertus, qui
était un économiste beaucoup trop entendu pour que ce
côté faible des associations lassalliennes lui eût échappé.
Nous avons vu, dans la lettre de Lassalle à Rodbertus,
que nous avons déjà citée, de quelle façon tranchante ce
dernier avait l'intention de s'exprimer dans sa « *Lettre
ouverte* ». Les lettres suivantes que lui a adressées
Lassalle nous permettent de discerner assez clairement
quelle était son objection principale. Elle est encore plus
nettement indiquée dans les lettres de Rodbertus à
Rodolphe Meyer. Il ne sera peut-être pas sans intérêt
de faire suivre ici quelques extraits de ces lettres.

Le 6 septembre 1871, Rodbertus écrit ce qui suit :

«... On peut prouver encore à ce propos que cette
propriété collective que poursuivent aujourd'hui les
démocrates socialistes, propriété collective de communautés agraires et d'associations productives, est un
mode de possession de la terre et du capital bien pire et
conduisant à des injustices bien plus grandes que la
propriété individuelle d'aujourd'hui. Les travailleurs
suivent encore Lassalle sur ce point. Je lui avais exposé
dans mes lettres à quelles absurdités, à quelle injustice
une semblable propriété devait aboutir, et (ce qui lui
était particulièrement désagréable) qu'il n'était nullement
le créateur de cette idée qu'il avait empruntée à
Proudhon, dans son « Idée générale de la Révolution » (1).

(1) Proudhon lui-même avait « emprunté » ses associations de

Lettre du 24 mai 1872 :

« Une troisième raison, d'ordre général, fait que je suis opposé à ce mode de rémunération. (Il s'agit de la participation aux bénéfices). Ou ce sera une gratification, comme le dit justement Settegast, — et l'on ne résout pas la question sociale avec des pourboires, — ou elle deviendra un droit de participer à la direction de l'exploitation et finalement une propriété collective du fonds de l'entreprise. Mais cette espèce de propriété n'est pas sur le chemin de l'évolution sociale. Le prouver m'entraînerait trop loin. Mais j'avais déjà si bien poussé Lassalle sur ce sujet que dans sa dernière lettre il m'écrit : « Mais qui vous dit donc que je veuille que le fonds d'exploitation *appartienne* à l'association ? » *(sic)*. En effet, c'est tout simplement impossible. La propriété des exploitations exercée collectivement par les travailleurs serait bien plus détestable que la propriété individuelle du sol et du capital ou même que la propriété exercée par une association de capitalistes... »

Un passage semblable à celui que nous venons de citer ne se rencontre nulle part dans les lettres de Lassalle à Rodbertus que l'on a publiées. Mais on ne peut admettre que ce dernier se soit exprimé avec autant de précision s'il n'avait pas eu le texte sous les yeux. Il est possible qu'il ait plus tard perdu cette lettre. Du reste, aucune raison sérieuse ne s'oppose à ce que Lassalle se soit en effet exprimé ainsi. Dans tous ses discours, il est bien plutôt question des intérêts que les associations devraient payer à l'Etat pour le capital avancé. La phrase ne contient donc pas même un acquiescement à l'opinion de Rodbertus. On ne le

production à Louis Blanc, ou plutôt avait modifié à sa manière le projet d'association de ce dernier. Lassalle occupe une position intermédiaire entre eux. Avec le premier, il a de commun l'aide de l'Etat, avec le second, l'indépendance des associations.

rencontre, et sous une forme si nette qu'elle implique la condamnation — involontaire — des associations productives, que dans une lettre de Lassalle à Rodbertus du 26 mai 1863. Il y est dit :

« Par contre, il est clair comme le jour que si le sol, le capital et le produit du travail appartiennent à l'ouvrier (1), il ne peut être question d'une solution de la question sociale. Le même résultat se produira si l'usage du sol et du capital venant à lui être confié, le produit du travail lui appartenait. Dans les associations agricoles, le travailleur aurait *plus* ou *moins* que le produit de son travail. Dans les associations industrielles, il obtiendra généralement davantage. Je sais fort bien tout cela et je le montrerai d'une façon très explicite quand j'écrirai mon ouvrage économique... »

Dans la lettre suivante, Lassalle est encore plus précis, soit que Rodbertus n'ait pas parfaitement compris le sens des phrases citées plus haut, ou qu'il voulût pousser Lassalle dans ses derniers retranchements. Voici ce qu'il écrit (je laisse de côté une incidente qui n'a pas d'importance ici) :

« Quand je dis : « dans les associations agricoles, le travailleur aurait *plus* ou *moins* que le produit de son travail, le « plus » est sans nul doute facilement explicable. Je ne vois nullement quelle difficulté pourrait présenter cette phrase.

« Les associations établies sur le terrain le plus fertile ou le mieux situé toucheraient une rente foncière comme le fait actuellement le propriétaire isolé. Il leur reviendrait donc plus que le revenu réel de leur travail, plus que le produit de leur travail.

(1) Dans l'édition des Lettres de Lassalle, due au professeur Ad. Wagner, on lit : « n'appartiennent pas. » La négation, comme le montre la suite du passage, provient d'une faute d'impression. Elle n'existe pas dans la reproduction de la lettre chez Rod. Meyer (cf. l. c. p. 463).

« Mais de ce qu'un seul individu dans la société touche plus que le produit légitime de son travail, il s'en suit qu'un autre doit toucher moins pour sa rémunération que si le produit était équitablement réparti (cf. la fin de votre III⁰ Lettre Sociale). Nous pensons de même sur ce point.

« Soyons plus précis : Qu'est-ce que le produit légitime de mon travail ? (au sens d'une solution définitive de la question sociale, au sens de « l'idée » que je suppose toujours ici quand je parle de « plus » et de « moins », et qui me sert de norme et d'instrument de comparaison). Est-ce le produit que je puis individuellement créer dans l'agriculture ou dans l'industrie, sous certaines conditions, tandis qu'un autre, dans des conditions plus avantageuses peut, avec la même quantité de travail, produire davantage, et qu'un troisième, dans des conditions plus défavorables, peut, avec la même quantité de travail, produire moins ? Nullement ! sans quoi le produit de *mon* travail serait la part de l'ensemble de la productivité sociale, part déterminée par la proportion dans laquelle mon quantum de travail serait avec le quantum de travail de toute la société.

« La fin de votre III⁰ Lettre Sociale vous interdit de le contester.

« Il s'en suit que tant que les travailleurs de certaines associations toucheront la rente foncière, ceux des autres associations, qui ne se trouvent pas dans le même cas, recevront moins qu'il ne leur revient, moins que le produit légitime de leur travail. »

Voilà ce qu'écrit Lassalle. Tout malentendu est ici impossible. « L'idée » qu'il suppose quand il parle de « plus » ou de « moins » est l'idée *communiste* qui considère le produit total du travail de la société et non le produit isolé du travail d'un individu ou d'un groupe.

Lassalle savait fort bien que tant que ce dernier formerait la base de la répartition, une partie de la population recevrait plus, il est vrai, mais une autre recevrait nécessairement moins qu'il ne lui reviendrait, dans le cas d'une répartition équitable pour la part du travail social accomplie par elle. Les associations créeraient donc une nouvelle inégalité. C'est pour cette raison, prétend Lassalle, qu'au cours de sa conférence, il a soigneusement évité les termes : « solution de la question sociale », non par timidité ou par habileté, mais pour ces raisons théoriques.

Puis, dans la même lettre, Lassalle expose que l'on pourrait facilement remédier à cette inégalité dans les associations agricoles, grâce à un impôt foncier différentiel qui « abolirait la rente tout entière, c'est-à-dire la remettrait entre les mains de l'Etat et ne laisserait aux ouvriers que le produit véritablement égal de leur travail. » — La rente foncière est entendue ici au sens de Ricardo (1). — L'impôt foncier paierait l'abandon du sol aux travailleurs associés et — c'est Lassalle qui le dit — les sociétés agricoles l'accepteraient avec une faveur marquée, même par sentiment de justice et d'envie. Grâce à cet impôt, l'Etat posséderait les moyens de subvenir aux besoins de l'instruction publique, des sciences et des arts, aux dépenses publiques de toute espèce. Dans les associations industrielles, l'équilibre s'établirait de la façon suivante : dès que les associations de chaque branche se seraient formées en une grande société, le commerce intermédiaire cesserait d'exister et la vente aurait lieu dans des magasins publics organisés par l'Etat. « Est-ce que ce ne serait pas là la fin de ce

(1) C'est l'excès du produit du sol sur un minimum de rendement au-dessous duquel on ne le cultive pas, parce qu'il ne fournit pas un équivalent au travail qui y est appliqué.

qu'on appelle aujourd'hui surproduction et crise commerciale ? »

L'idée de la socialisation de la rente foncière (1) est absolument rationnelle. Elle n'implique pas contradiction en soi. Je crois également qu'à un certain degré de l'évolution, elle s'effectuera d'une façon quelconque (2). Mais l'idée de fédérer les associations n'est qu'un pieux désir qui évidemment peut se réaliser, mais dont la réalisation n'est pas nécessairement fatale, tant que leur participation est laissée à leur bon vouloir. Ce désir fût-il même rempli, rien absolument n'empêcherait encore les membres des diverses associations d'obtenir une part plus grande ou dans certaines conditions plus petite que ne l'exigerait la masse de travail fournie. Les intérêts de l'association s'opposeraient à l'intérêt général.

Suivons encore Rodbertus.

Dans une lettre à Rodolphe Meyer, datée du 16 août 1872, il prend texte d'un article du *Neue Sozial-demokrat* où l'on disait que Lassalle avait appartenu à la fraction « la plus avancée » du socialisme. Il pense que ceci est peut-être exact, mais il est « tout aussi exact que Lassalle et le *Neue Sozialdemokrat* ont prôné à l'origine une association productive telle que la comprenait Schulze-Delitzsch, où en particulier le profit du capital devait appartenir aux ouvriers. Seulement Schulze voulait que les travailleurs épargnassent ce capital, tandis que Lassalle demandait que l'Etat, l'Etat actuel même, le lui procurât (le prêtât ou le donnât, on ne sait trop). Mais une association de production qui

---

(1) Il ne faut pas la confondre ici avec les propositions de Henry George, Flürscheim, etc. Lassalle suppose d'abord réalisée l'association universelle. Sans cela, comme nous l'avons déjà vu, toute réforme d'impôts se heurterait, suivant lui, à la loi d'airain du salaire.

(2) Ecrit en 1891. — Ed. B.

empoche le profit du capital suppose la propriété du capital. Comment cette tendance très avancée peut-elle se concilier avec une semblable association ? »

Rodbertus recherche ensuite si cette association de production peut être conçue comme une « institution provisoire ». Après quelques remarques d'une nature générale, il continue ainsi : « Bref, l'association de production, telle que la concevaient Lassalle et le *Neue Sozialdemokrat*, ne peut même être une étape vers ce but « plus avancé ». Conformément à la nature humaine, elle ne conduirait pas à une fraternité universelle, elle ramènerait au contraire à la propriété *corporative* la plus *étroite*. La personne des possédants aurait simplement changé ; on la haïrait, cette forme de société, mille fois plus que la propriété individuelle actuelle. Le passage à la généralisation de la propriété publique ne peut en aucun cas s'effectuer par l'intermédiaire de la propriété corporative ou collective (c'est à peu près la même chose). La propriété individuelle est bien plutôt la transition entre la propriété corporative et la propriété d'Etat. C'est ici qu'éclate la confusion des démocrates socialistes (et de Lassalle). Le but est très avancé (chez Lassalle, il est supposé de n'éveiller encore aucun intérêt *pratique)* et cependant on revendique l'association de production avec profit de capital et par suite propriété de capital. Jamais on n'a mieux mis la charrue avant les bœufs que chez les démocrates socialistes de Berlin, (et chez leur chef, Lassalle, dans la mesure toutefois où il poursuivait des buts « très avancés ») et *c'est ce que Marx sait fort bien* (1).

J'ai laissé si longtemps la parole à Rodbertus parce que c'est lui qui peut-être a jugé le plus objectivement Lassalle, et parce que dans leur conception de l'Etat lui

(1) Lettres, etc., de Rodbertus-Jagetzow, I, 226 sqq.

et Lassalle ont beaucoup de points de contact. Jamais personne n'a discuté aussi sérieusement avec Lassalle la question des associations de production que Rodbertus. Son jugement, il est vrai, n'est pourtant pas toujours absolument impartial. Il avait en effet une façon particulière et personnelle de résoudre la question sociale : sa solution consistait dans l'établissement d'une journée normale de travail et d'un salaire proportionnel. Mais il a justement apprécié l'association lassallienne en disant qu'elle mettait la charrue avant les bœufs. Lassalle voulait la socialisation de la production et des moyens de production, et comme il tenait pour prématuré de mettre dans la confidence le « mob » (il entendait par là tous les inconscients de *tous* les partis), mais qu'il voulait faire pénétrer l'idée dans les masses, il posait le postulat qui lui semblait le moins dangereux, l'association de production commanditée par l'Etat.

Il commettait la même faute, la faute tragique qu'il relevait dans son essai sur François de Sickingen, mais il le faisait de bonne foi. Si, à plusieurs reprises, Lassalle, répondant à Rodbertus, a déclaré qu'il était prêt à renoncer aux associations dès qu'on lui aurait indiqué un moyen conduisant aussi facilement et aussi efficacement au même but, il n'en faut nullement conclure que Lassalle n'était pas parfaitement convaincu de l'excellence de son moyen. Chacun aime à faire de semblables déclarations ; on peut du reste le faire avec d'autant plus de sécurité qu'on est plus sûr de la bonté de sa cause. C'était bien le cas pour Lassalle ; voici en effet ce qu'il répond en dernier lieu à Rodbertus sur la question des associations : « En résumé, je ne comprends pas comment on ne voit pas que l'association, procédant de l'Etat, est le germe, l'origine organique de l'évolution qui conduit à tout le reste. » Il faut donc l'absoudre absolument de l'accusation d'avoir recommandé aux travailleurs un moyen à l'efficacité duquel il ne croyait pas fermement. Cette accusation, si elle était fondée, serait d'ailleurs beaucoup plus grave qu'une erreur théorique.

Lassalle croyait que les associations pourvues du crédit de l'Etat renfermaient en leurs traits essentiels leur but dernier, c'est-à-dire la réalisation de la société socialiste, qu'en réalité ici — et il attachait à ce point une grande importance — « la nature propre du but pénétrait complètement le moyen. » En fait, l'association est, en petit, une réalisation du principe socialiste de la communauté. Revendiquer l'assistance de l'Etat, c'est vouloir employer le mécanisme politique à la libération économique de la classe ouvrière. C'est encore un moyen de relier les parties au tout, qui était condamné à disparaître avec l'association à la Schulze. Jusque-là, on ne peut rien reprocher à Lassalle ; bien au contraire, il faut reconnaître chez lui une remarquable unité de pensée. Nous avons vu quelle était sa conception de l'Etat ; ce n'est pas pour lui l'expression politique de conditions sociales déterminées, c'est la réalisation d'une notion morale, d'une conception ethnique sur laquelle des influences historiques peuvent agir, mais qu'elles ne peuvent jamais anéantir. En partant de cette conception, il est logique de voir dans l'assistance de l'Etat plus qu'une simple mesure pratique, et de lui accorder, comme le fait Lassalle, une importance essentielle indépendante, parce qu'il en fait un principe fondamental du socialisme (1). De plus la revendication

(1) De ce point de vue, il était également logique de reprocher aux Manchestériens, comme Lassalle l'a fait dans son discours de Leipzig, sur la *Question ouvrière* de vouloir « s'ils le pouvaient, laisser l'Etat disparaître dans la société. » Ce qu'il y a de caractéristique, c'est que c'était dans la société *capitaliste* que les Manchestériens voulaient que l'Etat disparût.

des sociétés de production est intimement liée à la théorie de Lassalle sur la loi d'airain des salaires. Elle se base sur les mêmes hypothèses économiques. Bref, tout ici est d'un seul jet, coulé dans un même moule, si je puis m'exprimer ainsi.

Lassalle a donc cru que son moyen était bon. Cela ne le justifie pas cependant de s'être expliqué sur son but avec toute la confusion possible. Lui qui, dans son Essai sur François de Sickingen, que nous avons déjà cité, exposait si excellemment quel danger il y avait à « cacher aux autres les vrais buts, les buts derniers du mouvement, et par là même à se les dissimuler souvent à soi-même », lui qui voyait dans ce manque de sincérité la « faute morale » de Sickingen qui devait inévitablement causer sa perte, un manque de confiance dans la puissance de l'idée qu'il représentait, une « déviation de son propre principe », « presqu'une défaite », il devait être le dernier à diriger le mouvement vers ce qui n'était qu'un moyen, et non vers son but véritable. Il ne peut se disculper en prétendant qu'il était impossible de dévoiler ce but à ce qu'il appelait le « mob », et d'y amener les masses non encore préparées. Si l'on ne pouvait les intéresser au but réel du mouvement, c'est apparemment qu'il était prématuré, et le moyen, même conquis, ne pouvait y conduire. Entre les mains d'une classe ouvrière qui ne pouvait encore comprendre sa mission historique, le suffrage universel était plus dangereux qu'utile, et les associations de production, pourvues de l'assistance et du crédit de l'Etat, ne devaient favoriser que le pouvoir et lui fournir ses prétoriens. Si la classe ouvrière par contre était suffisamment développée pour comprendre le but du mouvement, il fallait alors dévoiler ouvertement ce but. Il n'était même pas nécessaire de le donner comme immédiatement réalisable, d'annoncer partout qu'on l'atteindrait d'un jour à

l'autre, d'un moment à l'autre. Mais ce n'étaient pas les
chefs seuls qui devaient connaître le but que l'on poursuivait, aucun des soldats ne devait l'ignorer. Tous
devaient sentir que ce que proposait Lassalle n'était
qu'un moyen et la masse ne se serait pas trouvée plus
choquée de savoir qu'elle n'allait qu'à la conquête d'un
moyen, et non du but véritable et dernier du mouvement. Lassalle lui-même rappelle combien est délicat
l'instinct des classes dominantes, dès qu'il s'agit de leur
propre existence. « On peut tromper des individus,
dit-il justement à ce propos, des classes, *jamais!* »

Ce que nous venons de dire peut paraître doctrinaire
à plus d'un lecteur ; s'il en est ainsi, nous les ren-
voyons à l'histoire du mouvement sous l'égide de
Lassalle et à sa continuation après sa disparition. Nous
reviendrons d'ailleurs sur ce sujet dans la conclusion
de ce livre.

Lassalle comme agitateur et leader de l'Association générale des ouvriers allemands

Nous ne ferons pas, dans tous ses détails, le récit de l'agitation lassallienne ; nous nous bornerons à relever les traits les plus caractéristiques du mouvement.

La « Lettre ouverte » n'avait eu qu'en partie l'effet qu'en attendait Lassalle. Il pouvait bien écrire au socialiste Gustave Lewy, de Düsseldorf : « Elle se lit d'un bout à l'autre avec une telle facilité que l'ouvrier doit réellement croire qu'il savait tout cela depuis long-temps. » Cet écrit est vraiment un chef-d'œuvre de propagande, objectif sans sécheresse, d'un style abon-dant sans phraséologie, plein de chaleur communicative et tout entier d'une logique sévère et serrée. Mais... les ouvriers ne le lisaient pas. Seulement dans les endroits où le terrain était déjà préparé, il pénétrait dans les rangs des travailleurs. Ce fut le cas à Leipzig, ainsi que nous l'avons vu, de même à Francfort-sur-le-Mein, dans quelques grandes villes ou localités industrielles des provinces rhénanes, et à Hambourg. Des réfugiés politiques de retour en Allemagne faisaient quelque propagande socialiste ; dans certaines parties du pays, dans la province rhénane par exemple, les traditions de la propagande socialiste de 1848 continuaient de subsister. Mais le gros des ouvriers qui participaient au mouvement politique resta longtemps encore sourd à l'appel de Lassalle, et le considérait, ainsi que le

faisaient du reste la plupart des chefs du parti progressiste, comme un instrument de la réaction.

Pour ce qui est du parti progressiste en Prusse et
hors de Prusse, la « Lettre ouverte » avait soulevé chez
ses membres une véritable tempête, déchaîné l'indignation, l'exaspération. Ils s'en étaient tellement fait
accroire, ils étaient si fiers de leur rôle de chevaliers du
peuple ! Et voilà que maintenant on leur criait à gauche
qu'ils n'avaient aucun droit à ce titre, qu'ils s'étaient
montrés indignes de la confiance que le peuple leur
avait jusqu'alors témoignée, et que tous ceux qui avaient
le juste souci de la liberté, tous les travailleurs en particulier, n'avaient plus qu'à leur tourner le dos. Aucun
parti militant ne peut tolérer de semblables accusations,
surtout quand il occupe une situation semblable à celle
du parti progressiste d'alors. Les hostilités avec le
gouvernement prussien avaient atteint un tel degré
d'acuité que le conflit ne semblait pouvoir aboutir qu'à
une solution violente. En tout cas, on devait s'attendre à
des actes extrêmes. Les organes gouvernementaux
avaient beau déclarer que le parti progressiste n'avait
pas le vrai peuple derrière lui, il n'en était pas moins
vrai qu'il avait pu jusqu'alors répondre avec son orgueil,
en ricanant, que le peuple qui avait une pensée politique
était tout entier rallié autour de lui. Cette assurance lui
permettait de tenir un langage de plus en plus menaçant.
Si les progressistes, en effet, n'avaient pas une grande
propension à faire des révolutions, ils ne laissaient pas
que d'en faire souvent la menace.

Et précisément à ce moment, il aurait fallu laisser
un homme qui se prétendait démocrate, qui se déclarait
l'adversaire du gouvernement, les accuser d'avoir trahi
la cause du peuple, lui permettre de grouper tranquillement les ouvriers sous un nouveau drapeau ? C'eût été,
en vérité, leur demander un effort surhumain.

Le simple instinct de la conservation commandait
aux progressistes de faire tous leurs efforts pour étouffer
la propagande de Lassalle. Nous n'avons ici à examiner
que le mode de défense qu'ils ont choisi. Le fait en lui-
même est assez compréhensible pour que nous ne
songions pas à leur en faire un reproche. Mais leur
mode de défense, on peut le caractériser d'un mot : il
fut lamentable! Ils ont représenté Lassalle comme un
instrument de la réaction, mais c'est là le moindre grief
qu'on puisse leur faire. On ne peut contester, en effet,
que la « Lettre ouverte » de Lassalle ait, à certain
moment, servi les intérêts du gouvernement prussien.
Au lieu de se borner à combattre Lassalle sur ce point,
ils s'attachèrent aux attaques qui les atteignaient précisément eux-mêmes dans leurs côtés faibles. Ils firent
preuve d'une impuissance telle qu'elle eût pu éveiller la
pitié, si elle ne s'était pas alliée à une si forte dose de
présomption. Ils opposèrent à l'idée doctrinaire que
Lassalle se faisait de l'État, une négation poussée à
l'absurde de tous ses devoirs politiques et sociaux ; à sa
loi d'airain des salaires, reposant en partie, comme nous
l'avons vu, sur des hypothèses inexactes, la glorification
la plus plate de la société bourgeoise et de la concurrence capitaliste. Dans leur fureur aveugle, ils
oublièrent si bien toute réalité, tout ce qu'ils avaient
dit et écrit eux-mêmes sur les effets néfastes de la
production capitaliste que l'absurdité de leurs affirmations finit par justifier les exagérations de Lassalle.
Du jour au lendemain, Schulze et consorts que l'on
tenait pour des petits-bourgeois adversaires du capitalisme, en devinrent les panégyristes. Que l'on
compare les extraits que nous avons cités dans un
chapitre précédent, empruntés à un écrit de Schulze
datant de 1858 avec les développements que renferme
son « Chapitre d'un Catéchisme ¿   l'ouvrier alle-

mand » (1) collection de six conférences, dont les dernières étaient destinées à perdre Lassalle dans l'esprit
des travailleurs de Berlin. Tandis que là on comptait au
nombre des plus beaux effets des associations l'abais-
sement du profit d'entreprise, ici on proclame que « la
science ignore parfaitement ce même profit », qu'il n'y
a par conséquent aucune opposition entre le salaire de
l'ouvrier et le profit du patron. Elle ne connaît que « a)
le salaire de l'entrepreneur. b) le taux du capital. » (2)
Il n'était pas nécessaire d'être un Lassalle pour venir à
bout d'une semblable « science ».

Mais malgré sa supériorité intellectuelle, malgré sa
rhétorique puissante, Lassalle ne remporta pas alors
sur les progressistes le succès sur lequel il avait compté.
On ne pouvait dire que sa « Lettre ouverte » avait eu à
beaucoup près un effet aussi considérable que les thèses
clouées par Luther à la porte de l'église de Wittenberg.
Lassalle cependant s'était promis une victoire semblable,
il l'avoue ouvertement dans sa lettre à Gustave Lewy,
que nous avons déjà citée.

Le 19 mai 1863, dans une réunion publique tenue à
Francfort-sur-le-Mein, après avoir prononcé, deux jours
auparavant, un discours de quatre heures au « Congrès
ouvrier du bassin du Mein », Lassalle proposa l'adoption
d'une résolution par laquelle les assistants s'engageaient
à travailler énergiquement à la création d'une association générale des ouvriers allemands, et le 23 mai, à
Leipzig, en présence des délégués de dix villes (Hambourg, Harbourg, Cologne, Düsseldorf, Mayence, Elber-
feld, Barmen, Solingen, Leipzig et Francfort-sur-le-
Mein) l'*Association générale des ouvriers allemands*
fut fondée. Les statuts en avaient été rédigés par Las-

____

(1) *Kapitel zu einem deutschen Arbeiter-Katechismus.*

(2) Cf. *Schulze, Kapitel*, etc., p. 153.

salle en collaboration avec le député progressiste démocrate Ziegler, son ami.

D'après ces statuts, l'organisation était rigoureusement centraliste, ce qui s'explique en partie par la législation allemande sur les associations, en partie aussi par ce fait qu'à l'origine on avait eu en vue une société générale d'assurances ouvrières. On avait abandonné le projet, mais Lassalle conserva les dispositions statutaires qui le regardaient exclusivement, notamment la direction personnelle et le pouvoir franchement dictatorial du président qui, de plus, était inamovible pendant cinq ans. Déjà dans cette première assemblée constitutive, on put remarquer quelques signes d'opposition à ces dispositions. Cependant, elle ne put prévaloir contre le désir exprimé par Lassalle qui voulait qu'on adoptât les statuts sans aucune modification. Par toutes les voix, moins une (l'ouvrier ébéniste Yorßk, de Harbourg) Lassalle fut élu président. On lui offrit, après quelque hésitation il est vrai, la faculté de nommer un vice-président aussi souvent et pour le temps qu'il voudrait. C'est dans ces conditions qu'il accepta la présidence, devenant ainsi le chef reconnu du nouveau mouvement. Mais pendant longtemps encore, le nombre des adhérents fut très restreint. Trois mois après sa fondation, l'*Association générale des ouvriers allemands* comptait à peine neuf cents membres. En soi ce début n'était pas à dédaigner, mais Lassalle avait compté sur de tout autres chiffres. Il ne voulait pas diriger une société de propagande, il voulait être le chef d'un vaste mouvement, d'une imposante masse d'hommes. Les masses, on le voit, se tinrent à l'écart de la nouvelle organisation.

Lassalle possédait une puissance de travail considérable, il pouvait momentanément fournir un labeur gigantesque. Mais ce qui lui était impossible, c'était de faire preuve d'une application constante, soutenue, solide. L'Association n'était pas vieille de six semaines que le nouveau président entreprenait déjà un voyage d'agrément de plusieurs mois, en Suisse d'abord, puis sur la mer du Nord. Certes, Lassalle ne demeurait pas inactif pendant ce temps. Il entretenait une correspondance active, il cherchait à gagner à la société toutes les personnalités importantes, sans se montrer d'ailleurs très difficile dans ses choix. Seulement, il négligeait l'important, la propagande dans les masses. Ensuite, et ceci est incompréhensible, il ne songea pas à assurer à l'Association au moins un organe hebdomadaire régulier, bien que les moyens matériels ne lui fissent pas défaut. Il se contenta de subventionner à l'occasion certaines petites feuilles, le « Nordstern », publié à Hambourg par un ancien révolutionnaire Bruhn et le « Zeitgeist » édité à Leipzig par un littérateur assez confus et même suspect injustement, disons-le en passant, Ed. Löwenthal. Les sommes versées tinrent ces publications à flot pour un certain temps, sans toutefois les empêcher d'être presque toujours entre la vie et la mort.

De même que la masse ouvrière, la plupart des démocrates et des socialistes appartenant à la classe moyenne auxquels Lassalle s'adressa dans le but d'obtenir leur adhésion, déclinèrent ses offres. Une grande partie d'entre eux s'était déjà fortement embourgeoisée, comme nous l'avons dit, on était sur le chemin qui mène à une bonne vie bourgeoise. Chez d'autres, un sentiment personnel, une défiance vague de Lassalle les empêcha de se déclarer ouvertement en sa faveur. D'autres encore estimaient très inopportun d'attaquer en ce moment l'aile gauche du parti progressiste. Même ceux qui adhérèrent à l'Association se contentèrent d'en être des membres plutôt platoniques et adoptèrent une attitude passive. Par contre, les membres qui étaient sortis de la classe ouvrière se livrèrent à une propagande d'autant plus zélée, et déployèrent une activité vraiment fiévreuse pour gagner des partisans au nouveau mouvement. Le succès, cependant, fut loin de répondre à leurs courageux efforts. On se heurta d'abord à l'indifférence de la masse ouvrière, encore peu développée, puis le mouvement national, le conflit constitutionnel en Prusse qui absorbaient tout l'intérêt du moment, furent des obstacles infranchissables à un prompt développement, si bien qu'en différents endroits les membres de l'Association discutaient vivement la question de savoir s'il ne serait pas expédient, pour attirer des adhérents, d'user de moyens non politiques, par exemple de provoquer la création de caisses d'assistance et autres palliatifs semblables.

Lassalle inclina lui-même un moment à mettre cette question en discussion, comme en fait foi sa lettre du 29 août 1863 au secrétaire de l'Association, lettre citée par Bernhard Becker (1), mais il renonça à cette idée, parce qu'il vit bien que, dans ce cas, l'Association perdrait nécessairement son caractère. Elle aurait cessé d'être un instrument politique disponible à tout instant, et seule une association de cette nature avait de la valeur aux yeux de Lassalle.

Pendant même qu'il faisait sa cure, Lassalle esquissa le plan d'un discours avec lequel il voulait, dès son retour, recommencer sa propagande, sur les bords du Rhin d'abord, où le terrain s'était montré le plus favorable. C'est le discours qu'il intitula : « Les Fêtes, la Presse et la Diète de Francfort » (2).

(1) B. Becker. *Geschichte der Arbeiter-Association*, page 83.

(2) *Die Feste, die Presse und der Frankfurter Abgeordnetentag.*

Il le prononça du 20 au 29 septembre 1863 à Barmen, à Solingen et à Düsseldorf. On ne peut guère connaître avec certitude les influences qui agirent sur lui pendant cet été. Cependant on ne risque pas trop de se tromper en pensant ici à la comtesse de Hatzfeld et à ses relations. Elle désirait plus que Lassalle lui-même voir ce dernier remporter de grands et brillants succès ; l'intérêt qu'elle portait au socialisme se confondait absolument avec l'intérêt qu'elle portait à Lassalle, car c'était par l'intermédiaire de celui-ci qu'elle était arrivée à ses convictions démocratiques. Des amis aussi désintéressés sont ordinairement d'une utilité fort douteuse ; et si, de plus, leur éducation, leur position sociale, etc., leur inspire des préjugés de classe, et s'ils n'ont pas leur sphère d'activité indépendante, leur sollicitude devient quelque chose de pernicieux. Ils affermissent l'objet de leur affection dans toutes ses fautes, dans toutes ses faiblesses ; ils excitent sa susceptibilité en lui faisant remarquer toute injure qu'il semble qu'on lui fait ; plus encore que la victime, ils sont assoiffés de vengeance ; ils persécutent, ils poussent, ils intriguent, le tout dans la meilleure intention du monde, mais au grand détriment de celui qu'ils s'imaginent ainsi servir.

Madame de Hatzfeld était à sa manière une femme intelligente. Autant elle était inférieure à Lassalle pour le savoir et l'énergie, autant elle lui était supérieure pour l'expérience. Quand quelque passion n'était pas en jeu, Lassalle cédait volontiers à ses conseils et ceux-ci étaient doublement influents, dès qu'ils s'accordaient avec ses passions. Dans une lettre écrite vers la fin de sa vie, Lassalle fait remarquer à la comtesse que c'est elle qui l'a poussé à accepter la présidence de l'*Association générale des ouvriers allemands*. Il ne faut pas prendre la chose au pied de la lettre. Même sans les instances de la comtesse, Lassalle aurait accepté cette fonction. Mais dans de semblables situations, on se laisse facilement déterminer par de bons amis à faire ce que l'on désire soi-même (1). Il semble que la responsabilité qu'on encourt en soit diminuée. La comtesse a donc influé sur la décision de Lassalle et il est assez probable qu'elle l'a fait en lui découvrant ce qui se tramait alors dans les sphères dirigeantes de la Prusse. « Si quelque chose pouvait m'intéresser sous ce rapport, écrit-elle au commencement de l'été 1863 à Emma Herwegh, la femme du poète révolutionnaire, sur la situation politique en Prusse, c'est ma position étrange, où des nouvelles et des opinions me parviennent des deux extrêmes. » Rappelons simplement la déclaration faite par Lassalle dans sa défense, lors de son procès de haute trahison : dès le début de sa propagande, au premier jour de son agitation, il *savait* que Bismarck octroierait le suffrage universel ; et quand il publia sa « Lettre ouverte », il était *clair* pour lui que « des conflits avec l'étranger menaçaient, conflits qui ne permettent pas d'*ignorer* les masses. » Il est vrai qu'il présente alors ces choses de telle façon qu'on pourrait croire que quiconque suivait le cours des événements dût les apercevoir comme lui-même. Mais ses lettres à Marx nous ont appris combien les « informations » qu'il recevait de « sources diplomatiques » sur les sphères gouvernementales agissaient sur son attitude politique.

Madame de Hatzfeld était encore plus désillusionnée

(1) J'ai lu une lettre d'un cousin de Lassalle, où il raconte comment Lassalle et la comtesse de Hatzfeld lisaient ensemble les lettres des personnes auxquelles il avait envoyé ses livres. Lorsque les compliments qu'on lui prodiguait étaient par trop outrés, Lassalle faisait semblant de ne pas les accepter, mais Mme de Hatzfeld défendait avec énergie les éloges des thuriféraires, « et l'opposition de Lassalle s'affaiblissait aussitôt », observe malicieusement le cousin. (Ed. B.)

que Lassalle par la lenteur du développement de *l'Association générale des ouvriers allemands*. Elle voyait avec peine, avec combien peu de succès Lassalle luttait contre l'indifférence et les préjugés des ouvriers d'alors. Or, toute son éducation lui avait appris à apprécier la valeur de l'intrigue. Elle devait donc chercher à obtenir d'une façon quelconque ce qu'il était si difficile d'obtenir par la lutte ouverte. Cette tendance trouva de l'écho chez Lassalle qui était disposé à remporter par tous les moyens les succès qu'il s'était proposé d'atteindre. Son tempérament ardent, la haute opinion qu'il avait de lui-même ne pouvaient que l'inciter à favoriser des desseins de ce genre. Nous ne pouvons plus maintenant savoir à quel point l'intrigue qui amena plus tard Lassalle dans le palais de Bismarck était avancée, mais la phrase dont il se servit vis-à-vis de Gustave Lewy alors qu'il préparait pour l'impression son discours *Les Fêtes, la Presse*, etc. : « Ce que j'écris aujourd'hui, je ne le fais que pour quelques gens de Berlin », et le contenu même de la brochure démontrent au moins que la trame était ourdie avec zèle. Le discours est entremêlé d'attaques fort exagérées contre le parti progressiste en lutte aiguë avec le gouvernement prussien, tandis qu'on y flatte beaucoup Bismarck, le chef de ce gouvernement.

Au mois de juin 1863, après avoir renvoyé le Landtag, le gouvernement prussien avait rendu les fameuses Ordonnances sur la presse. Les autorités étaient investies du pouvoir d'interdire, provisoirement ou définitivement, tout journal ou périodique du pays « menaçant d'une façon suivie le bien public ». La presse progressiste, tout entière aux mains de propriétaires privés, avait préféré, pendant toute la durée de l'application des ordonnances, ne plus écrire sur la politique intérieure. Ce n'était évidemment pas très courageux, mais la trahison envers la cause était cependant moins grave que ne le dit Lassalle. Ce dernier oubliait d'ailleurs à dessein qu'en rendant les ordonnances sur la presse, Bismarck voulait ruiner *commercialement* les organes d'opposition qu'il haïssait. Il voulait les remplacer par sa propre presse ou par une presse qui lui plairait. On disait expressément dans le rapport précédant les ordonnances :

« La réaction positive que pourrait exercer la presse conservatrice sur l'influence de la presse libérale ne peut réussir que partiellement, parce que les organes d'opposition, grâce à une longue habitude du public, grâce aussi au côté industriel de ces entreprises, ont acquis une extension à laquelle il est difficile de mettre obstacle. »

Si donc les journaux libéraux ne se laissaient pas interdire, le gouvernement perdait la faculté de créer à leur place de nouveaux organes, ou de leur enlever les annonces. Un des buts de ces mesures n'était donc pas atteint grâce au silence momentané tenu sur la politique intérieure. Le second but, le but directement politique, n'échappait pas moins. Dans son discours, Lassalle dit que si la presse libérale s'était laissé supprimer, si le bourgeois n'avait pas eu au moment de déjeuner son journal habituel, l'exaspération populaire contre les ordonnances sur la presse aurait été portée à son comble et le gouvernement aurait été obligé de céder. Cependant cette exaspération n'était pas moindre quand le bourgeois continuait à recevoir son journal du matin et que le contenu de celui-ci lui démontrait chaque jour que son organe était bâillonné, quand tout en recevant son journal, il le voyait dépouillé de l'article de tête qu'il aimait à lire.

De plus, les ordonnances sur la presse constituaient des mesures qu'il serait impossible de maintenir dès que

le Landtag se trouverait de nouveau réuni. Il n'y avait
là qu'une situation provisoire et les feuilles libérales
n'avaient aucune raison de « mourir avec honneur »
suivant l'expression de Lassalle, et cela pour l'amour
de Bismarck.

La fureur du gouvernement était extrême, et ses
organes la reflétaient naturellement. C'est ce que
Lassalle traduit en disant : « Même (!) les organes
réactionnaires trouvaient à peine des expressions
suffisantes pour rendre l'étonnement, la stupéfaction
que leur causait cette conduite. » Et pour preuve, il
citait la *Berliner Revue*, l'organe des cagots les plus
réactionnaires.

Naturellement les réactionnaires mirent cette finesse
à profit. Ils ne manquèrent pas de se donner un faux
air socialiste, de se conduire comme s'ils n'attaquaient
que le caractère capitaliste de la presse. Au lieu de
protester contre cette adultération de l'idée socialiste,
de repousser toute solidarité avec ses promoteurs,
Lassalle favorisa le jeu des bismarckiens en donnant
aux ouvriers leur fausse monnaie pour de l'argent
comptant.

Il est incontestable qu'aujourd'hui la presse est une
affaire d'argent. C'est un grand mal qui corrompt
puissamment la vie publique. Mais il sera difficile d'y
opposer un remède tant que subsistera la propriété
privée capitaliste ; les lois restrictives n'y feront absolument rien. Si l'on peut aujourd'hui apporter quelque
adoucissement à cet état de choses, seule la liberté de
la presse est en état de le faire. Mais le gouvernement
prussien n'en voulait pas entendre parler. Lassalle
d'ailleurs justifiait encore sa résistance : il revendiquait,
il est vrai, la liberté absolue de la presse, mais en même
temps il déclarait qu'elle serait impuissante à l'améliorer,
si on ne lui refusait pas le droit de publier des annonces.

La presse cesserait ainsi d'être une spéculation lucrative, si als écrivaient dans les journaux les hommes qui combattent pour le bien-être, pour l'intérêt spirituel du peuple.

Avons-nous besoin de démontrer combien un semblable moyen resterait absolument sans effet ? Lassalle n'avait qu'à jeter les yeux au-delà des frontières de Prusse, il n'avait qu'à considérer la France et l'Angleterre pour se convaincre de son erreur. En Angleterre, les annonces formaient et forment encore aujourd'hui une ressource essentielle, considérable, pour la presse. En France, si elles n'étaient pas directement interdites, des impôts élevés les rendaient presque impossibles, les réduisaient à un minimum. La presse française en était-elle meilleure que la presse anglaise ? En était-elle moins au service du capital et sa corruption était-elle moins grande ? Pas le moins du monde. La pénurie d'annonces a au contraire permis au bonapartisme de corrompre bien plus facilement la presse. D'autre part, elle n'a pas empêché la presse française de se montrer beaucoup plus serviable vis-à-vis de la haute finance que ne le fût jamais la presse anglaise.

Cependant, dans cette partie de son discours, Lassalle touchait au moins à l'un des côtés faibles de la vie publique moderne. Le moment était mal choisi, le remède était problématique, mais il n'en était pas moins vrai que la presse, avec ou sans annonces, devient de plus en plus une institution capitaliste. C'est un cancer sur lequel il faut attirer l'attention des travailleurs, si l'on veut les soustraire à l'influence des organes capitalistes. Mais tout ce qu'avance Lassalle au sujet des fêtes que les progressistes célébrèrent en 1863 en dépit de Bismarck est complètement inexact. Il savait bien cependant que ces banquets n'étaient que des réunions de propagande, des démonstrations contre

le gouvernement. Dans les mêmes circonstances, on en
avait organisé de semblables en France et en Angleterre.
S'il avait voulu les critiquer, il aurait pu dire que les
seuls banquets ne suffisaient pas, que si l'on s'en tenait
exclusivement à ces fêtes, la cause du peuple n'avan-
cerait pas d'un pas. Au lieu de faire cela, Lassalle
se contente de reproduire les phrases de la presse
gouvernementale, et d'exagérer encore les sarcasmes
sous lesquels elle cachait son dépit. Il est impossible
à quiconque connaît l'histoire du conflit constitutionnel
de 1863 en Prusse, de lire ce passage du discours de
Lassalle sans le désapprouver.

La troisième partie du discours, les critiques qu'il
adresse au congrès des députés des différentes diètes
allemandes, réuni à Francfort-sur-le-Mein pendant l'été
de 1863, auraient pu être justifiées. Mais au moment où
il reprochait aux progressistes de coqueter avec les
princes allemands pour intimider M. de Bismarck, —
nous avons vu comment dans la « Lettre ouverte » il
leur a fait un grief de leur « dogme de l'hégémonie
prussienne » et représente la Prusse comme le plus
réactionnaire des Etats allemands, — Lassalle au même
instant jouait le même jeu qu'eux. Seulement ses avances
visaient ailleurs. Tout son discours ne contient pas une
syllabe ni contre Bismarck, ni contre le gouvernement
prussien. Il renferme par contre toute une série de
flatteries à leur adresse. Il les montre, passant outre aux
décisions de la Chambre « avec le sourire tranquille du
véritable mépris » ; il atteste que Bismarck est « un
homme », tandis que les progressistes ne sont que des
vieilles femmes. Un autre passage de ce discours
témoigne du changement de front effectué par Lassalle.

Le chef de l' « Association nationale » *(National
Verein)*, M. de Bennigsen, avait clos les séances du
congrès des députés en prononçant les paroles suivantes,

qu'il est très opportun de rappeler encore : « La passion des partis populaires *(Volksparteien)* et l'obstination des gouvernants ont souvent conduit à des révolutions. Mais la nation allemande est non seulement unanime, mais encore modérée dans ses exigences, le parti national allemand ne veut pas de révolution et ne peut pas en faire. Que vienne à lui succéder un autre parti qui recoure à la révolution parce qu'aucune réforme n'est plus possible, on ne peut pas l'en tenir pour responsable. »

Pour tout homme qui sait lire, cette déclaration est une menace bien pauvre, mais c'est cependant une menace de révolution. « Nous ne voulons pas de révolution, Dieu merci, nous nous lavons les mains en toute innocence, mais si vous ne cédez pas, elle se produira et c'est alors à vous-mêmes que vous devrez vous en prendre. » Quand on a derrière soi toute la nation, c'est là une façon bien peu courageuse de menacer, mais malheureusement aussi une façon si usuelle de menacer que, comme nous l'avons dit, il était impossible de se méprendre sur le sens de la déclaration. Que fait alors Lassalle ? Il feint de n'avoir pas compris la menace, et il le fait non pour obliger les progressistes à un langage plus décidé, mais pour les menacer à leur tour au cas où se produirait une révolution ou un coup d'Etat. Il cite les paroles de M. de Bennigsen et les fait suivre du pronunciamiento suivant : « Levons donc la main et prenons l'engagement, si jamais ce revirement se produit de manière ou d'autre, de rappeler aux progressistes et aux membres de l' « Association nationale » qu'ils ont déclaré jusqu'au dernier moment qu'ils ne voulaient pas de révolution. Prenez-en l'engagement, levez la main en signe d'assentiment ! »

Et « toute l'assemblée, en proie à une vive émotion » lève les mains, dit le compte rendu de la réunion, rédigé par Lassalle lui-même.

Que pouvait signifier cette menace ? Une seule explication est possible : on se proposait, au cas où l'on en viendrait, « de façon ou d'autre », à un choc violent, sinon d'attaquer directement les progressistes, du moins de les laisser en plan, de les abandonner. Une semblable menace ne pouvait avoir qu'un effet : loin de pousser les progressistes plus avant, elle ne devait leur inspirer que plus de défiance et de pusillanimité.

Dans une de ces réunions, à Solingen, il se produisit des bagarres sanglantes. Un groupe de progressistes avait cherché à interrompre Lassalle. Certains de ses partisans, dans leur exaltation, les frappèrent de coups de couteau. Se fondant sur ces incidents, le bourgmestre dissout la réunion, une demi-heure plus tard. Là-dessus Lassalle, suivi d'une masse d'ouvriers lançant vivats sur vivats, se précipite vers le bureau du télégraphe et adresse à Bismarck la célèbre dépêche qui commence par ces mots : « Bourgmestre progressiste à la tête de dix gendarmes ayant baïonnette au canon et de plusieurs policiers ayant le sabre au poing, vient de dissoudre sans le moindre fondement légal une réunion ouvrière convoquée par moi » et se termine en demandant « bonne, prompte et sévère justice. »

On peut, si l'on veut, faire entrer ici en ligne de compte tout ce qui est susceptible d'excuser Lassalle : l'exaspération due aux attaques des progressistes, la désillusion produite par le succès relativement faible de sa propagande, le profond dégoût éveillé en lui par la lâche conduite de ses adversaires, la lutte justifiée qu'il menait, superficiellement il est vrai, contre la doctrine économique des libéraux. Cependant, on peut se mettre dans sa situation autant qu'on voudra, il n'en est pas moins incontestable qu'à son retour en Allemagne, Lassalle avait déjà perdu pied, avait perdu, si je puis ainsi dire, son *point de vue*. On n'aurait pas pardonné un télégramme semblable à un conservateur, et il émanait d'un homme qui s'était intitulé révolutionnaire avec fierté et qui certainement se tenait encore pour tel, au fond de son cœur. Abstraction faite de toute autre considération, le tact le plus élémentaire devait interdire à Lassalle de faire appel au pouvoir, en débutant par une dénonciation politique.

On pourrait peut-être excuser ce télégramme par l'émotion produite à la suite de la dissolution de la réunion. Mais d'autres démarches suivirent, faites de sang-froid celles-là, et elles ne juraient pas moins avec les principes politiques dont Lassalle s'était constitué le représentant. Nous ne citerons qu'un exemple qui d'ailleurs se rattache étroitement aux événements dont nous venons de parler.

Quelques ouvriers, prévenus d'avoir porté des coups de couteau dans la réunion de Solingen, avaient été condamnés au printemps de 1864 à plusieurs mois de prison. Et ce fut Lassalle qui très sérieusement et à plusieurs reprises proposa aux condamnés d'envoyer au roi de Prusse une supplique, demandant grâce, supplique qui serait appuyée par une adresse générale des ouvriers rhénans. Qu'on y songe : Lassalle qui, encore peu d'années auparavant, écrivait qu'à son grand regret c'était à Berlin qu'il avait appris combien peu le peuple était « démonarchisé » en Prusse, Lassalle qui s'écriait à Francfort-sur-le-Mein : « Je n'éprouve aucun plaisir à m'adresser à d'autres qu'à des démocrates, » lui à qui sa qualité de chef du nouveau mouvement imposait le devoir strict de donner à ses partisans l'exemple de la dignité démocratique, lui, Lassalle, les engage à mendier une grâce près du roi de Prusse ! Cependant, les ouvriers montrèrent plus de tact que leur guide. Le 20 avril 1864, le représentant de l'*Association* à Solingen, Klings, annonça que la proposition du président avait excité une réprobation générale. Les principaux membres de la Société s'étaient prononcés contre elle. « Les deux condamnés appartiennent au parti ouvrier le plus avancé (1). S'il s'agissait même de quatre années de prison, on ne pourrait les amener à demander leur grâce : leurs convictions leur interdisent d'être les obligés de Sa Majesté. »

Cette opposition réveilla la conscience démocratique de Lassalle. Il écrivit à Klings que ce refus le remplissait d'une grande fierté. Mais il n'en abandonna pas pour cela l'idée d'une adresse au roi. Il chercha à prouver qu'elle pourrait être d'une certaine utilité, même si l'on ne demandait pas la grâce des condamnés. « Elle peut, dit-il textuellement, présenter l'avantage suivant : si elle est signée par plusieurs milliers d'ouvriers, on peut donner en haut lieu à cette démarche une certaine interprétation — qui ne nous lierait nullement du reste — et se sentir ainsi d'autant plus disposé à profiter d'une occasion favorable pour octroyer le suffrage universel. L'article ci-joint de l'organe ministériel (*Nordeutsche allgemeine Zeitung*) le prouve : on se préoccupe dans les hautes sphères de cette démarche. » Cependant, cette perspective ne réussit pas à persuader les ouvriers de Solingen de l'excellence du procédé, et le mouvement put ainsi s'épargner cette humiliante compromission.

Quand en 1863, au commencement d'octobre, Lassalle revint à Berlin, il mit tout son zèle à gagner la capitale à sa cause. Il rédigea un appel « *Aux ouvriers de Berlin* », le fit tirer à 16.000 exemplaires et en distribuer gratuitement une grande partie parmi les travailleurs

(1) C'est-à-dire qu'ils avaient adhéré aux idées du *Manifeste communiste*.

Ils émigrèrent en Amérique et, en passant par Londres, allèrent faire visite à Karl Marx. (ED. B.)

berlinois. Cette brochure est puissamment écrite, elle met heureusement à profit les mensonges des comptes rendus donnés par la presse progressiste de Berlin (*Volkszeitung* et *Reform*) sur les réunions tenues dans les pays rhénans. Son succès n'en resta pas moins fort modeste. Lassalle ne put tenir une réunion publique sans qu'elle ne fut troublée par les progressistes. Quand, dans l'une d'elles, l'orateur socialiste fut arrêté sur la réquisition du parquet de Berlin, quelques ouvriers fanatisés approuvèrent même par leurs applaudissements cet acte de l'autorité. Même ceux qui sous l'influence des conférences et des écrits de Lassalle s'étaient fait inscrire à l'Association, ne tardèrent pas à faire défection. L'apparence petit-bourgeoise et bonhomme de Schulze-Delitzsch et ses vulgarités plaisaient davantage aux ouvriers berlinois que l'élégance recherchée de Lassalle et sa manière parfois très hautaine de parler en théoricien. Le groupe de Berlin qui, au commencement de décembre 1863, comprenait 200 adhérents, ne comptait plus guère en février 1864 que trois douzaines de membres à peine ; encore un grand nombre d'entre eux n'étaient-ils pas ouvriers.

Outre sa propagande, ses procès et ses luttes contre les autorités occupaient aussi très activement Lassalle. Sa propagande était certes très agréable au ministère Bismarck dans la mesure où elle s'attaquait au parti progressiste. Mais le gouvernement n'ignorait pas qu'il n'avait pas dans Lassalle un auxiliaire dont à l'occasion il pourrait faire un auxiliaire complaisant. Aussi ne demandait-il pas mieux que de voir les autorités faire pleuvoir les procès sur lui. Cela devait permettre au pouvoir soit de se débarrasser quand il le faudrait d'un importun, soit d'arriver à le « mater ». Quoiqu'il en soit, le parquet de Düsseldorf fit saisir « *Les Fêtes, la Presse* », etc., et accusa son auteur d'avoir contrevenu aux articles

100 et 101 du Code pénal prussien. Ce procès causa à Lassalle infiniment de tracasseries, et après une condamnation en première instance par contumace à un an de prison, un second jugement en deuxième instance lui infligea six mois de la même peine. La brochure : *Aux ouvriers de Berlin* motiva, de la part du parquet de cette ville, des poursuites pour crime de haute trahison ; elle mit même, comme nous l'avons dit, l'auteur en prison préventive, mais on dut le relâcher sous caution. Poursuites et incarcération étaient probablement dues à une vengeance du procureur Von Schelling, que Lassalle avait si cruellement malmené un an auparavant. Au cours des débats qui eurent lieu le 12 mars 1864, ce magistrat ne requit pas moins de trois ans de réclusion et cinq ans de surveillance. Le tribunal acquitta cependant Lassalle du chef de haute trahison et renvoya au tribunal compétent le jugement sur les violations du Code pénal, de moindre importance, que lui reprochait aussi le parquet.

La défense de Lassalle est un document important pour l'histoire de sa propagande. Avant de passer à son examen, nous devons dire quelques mots d'une œuvre politique plus considérable encore, qui sortit de la presse à la fin de janvier 1864. On peut dire que c'est le principal de ses écrits de propagande, c'est le pamphlet intitulé : « *Monsieur Bastiat-Schulze de Delitzsch, le Julien économique, ou Capital et Travail.* » (1)

Nous avons déjà parlé en passant des conférences que Schulze-Delitzsch fit au printemps de 1863 à l'Association ouvrière de Berlin et qu'il publia sous le titre de : « Chapitres d'un catéchisme de l'ouvrier allemand » pour combattre la propagande de Lassalle. Ces confé-

(1) *Herr Bastiat-Schulze von Delitzsch, der oekonomische Julian, oder Kapital und Arbeit.*

rences, ramassis des lieux-communs les plus plats de l'économie politique libérale, fournirent à Lassalle l'occasion tant attendue : il allait pouvoir perdre Schulze-Delitzsch et ses théories ainsi que le parti qui vénérait en lui son héros économique. Si l'on considère que Lassalle n'avait pu encore s'adonner à des travaux systématiques d'économie politique, qu'en ce moment même où il se disposait à entreprendre son œuvre économique, il en fut constamment empêché par ses procès et par l'occupation que lui donnait la direction de l'Association, ce livre est incontestablement une nouvelle preuve du talent extraordinaire, de l'étendue étonnante et de la souplesse de l'esprit de Lassalle. Sans doute, le « Bastiat-Schulze » se ressent du moment où il fut composé. La forme polémique donnait un tour plus populaire à l'écrit. Mais l'exaltation très grande de Lassalle, d'autant plus grande qu'il sentait lui-même qu'il se mettait dans une position de plus en plus fausse, la désillusion d'un côté et le penchant à s'illusionner encore sur cette désillusion, d'un autre côté, toutes ces circonstances étaient fatales au ton de cette polémique. D'ailleurs, elle ne se maintient pas toujours à la hauteur du sujet, elle se perd souvent en une mesquine querelle de mots que rien ne justifie. La partie théorique et objective de l'ouvrage n'est pas exempte de contradictions, quel que soit d'ailleurs parfois le brillant et l'éclat des détails. Cependant, pris dans son ensemble, le « Bastiat-Schulze » a rendu un grand service : il a contribué à donner plus tôt aux ouvriers allemands à un haut degré le sens historique et l'intelligence des problèmes profonds de l'économie. Dans certains passages, l'exposé vaut ce que Lassalle a fait de mieux ; là, son génie brille encore dans tout son éclat.

X

**Vains efforts pour arriver à des succès politiques
immédiats. — Rapprochement du gouvernement
réactionnaire de Bismarck. — Mort de Lassalle.**

Les discours que Lassalle a prononcés, les œuvres
qu'il a écrites après le « *Bastiat-Schulze* » portent de
plus en plus visiblement les marques d'un abattement
intime, d'un affaissement intellectuel. Ce n'est plus
l'énergie du début, le produit naturel de la foi dans la
force propre, dans la puissance de la cause pour laquelle
on combat ; c'est une énergie forcée, une énergie de
commande. Comparez le « *Programme ouvrier* » et la
« *Propagande de l'Association générale des ouvriers
allemands* », sa défense « *La science et les ouvriers* »,
et son plaidoyer dans le procès de haute trahison, et
vous comprendrez ce que nous venons de dire. La force
interne a disparu, les expressions violentes la rem-
placent ; au lieu d'une argumentation pressante et solide,
on ne trouve plus que de brillantes fleurs de rhétorique.
L'orateur ne cherche plus à convaincre son auditoire ;
il se contente d'enfler de plus en plus la voix. A lui-
même maintenant s'applique le reproche qu'il adressait
peu de temps auparavant aux progressistes : il se grise
de succès imaginaires.

Dans le procès de haute trahison, Lassalle tire très
habilement parti d'un passage du Wallenstein de Schiller
pour se défendre de l'accusation que sa propagande

aboutit au fond à l'emploi de la force physique. Il montre le général la veille de sa trahison en faveur de la Suède et cite ces vers du monologue qui se trouvent au premier acte de la « Mort de Wallenstein » de Schiller :

« Serait-ce possible ? Ne pourrais-je plus faire comme je voudrais ? Ne plus reculer, si cela me plaît ? » (1).

Ces vers s'appliquent remarquablement à la propre situation de Lassalle. Sa position ressemblait étrangement à celle de Wallenstein, au moment où il prononçait ces paroles. Lui aussi comme le duc de Friedland, il avait, pour nous servir de son expression, « fait des choses qu'il pouvait employer *à deux mains.* » Il ne s'était pas contenté d'étudier objectivement les événements de la politique extérieure et de la politique intérieure pour saisir le moment favorable et agir alors en faveur de ses projets. Il en était arrivé à négocier avec le représentant d'une des puissances qu'il combattait, il était entré en relations directes avec Bismarck. Il pouvait certainement dire aussi avec Wallenstein :

« Il est pur encore — encore !

Le crime n'a pas passé ce seuil ! » (2).

Il n'avait encore contracté aucun engagement. Mais était-il encore libre en lui-même ? La logique des événements ne pouvait-elle le conduire à commettre « l'acte », s'il ne repoussait pas bien loin de lui la tentation ?

Il n'y a plus de doute aujourd'hui : dans l'hiver de 1863-1864, à plusieurs reprises Lassalle eut de longs entretiens en tête-à-tête avec Bismarck. Quand au printemps de 1878 celui-ci déposa le projet de loi qui

(1) *« War's möglich ? — Könnt ich nicht mehr wie ich wollte ?
Nicht mehr zurück, wie mir's beliebt ? »*

(2) *« Noch ist sie rein, noch ! Das Verbrechen kann
Nicht über diese Schwelle noch ! »*

devait bâillonner la démocratie socialiste allemande, la comtesse Sophie de Hatzfeld, qui avait été pendant de longues années la confidente de Lassalle, fit de sa propre initiative des révélations très détaillées au sujet de ces entretiens à des représentants du parti social-démocratique. Dans la séance du 16 septembre 1878, que nous avons déjà rappelée, Auguste Bebel porta l'incident devant le Reichstag. Le lendemain, Bismarck avoua s'être rencontré avec Lassalle, mais il tenta faiblement de nier qu'il se fût agi de négociations politiques. Bebel, s'appuyant sur les renseignements de la comtesse de Hatzfeld, répondit : « Dans ces conversations et ces négociations, on discuta sur deux points différents : il s'agissait d'octroyer le suffrage universel d'une part, et d'autre part de ménager des ressources publiques aux associations coopératives de production. Le prince de Bismarck était complètement acquis à ce plan. Il se refusait seulement à faire octroyer *immédiatement* le suffrage universel, comme le demandait Lassalle. Il voulait qu'auparavant la guerre contre le Schleswig-Holstein se fût terminée heureusement. Cette divergence d'opinions amena ensuite de sérieuses difficultés entre Lassalle et le prince de Bismarck, et ce ne fut pas ce dernier qui rompit les négociations, ce fut Lassalle, je tiens à le constater expressément, qui déclara qu'il ne pouvait désormais consentir à les poursuivre. » Bismarck répondit alors : « Sans doute nos conversations portèrent également sur le suffrage universel, mais il ne s'agissait nullement de l'octroyer. Jamais de ma vie je n'ai eu l'idée monstrueuse d'octroyer le suffrage universel. » Il n'en a accepté l'idée qu'avec une certaine « résistance », comme « une tradition de Francfort. » (1). Pour ce qui

(1) C'est-à-dire comme une des résolutions de l'Assemblée nationale de 1848, réunie à Francfort.

est des associations de production, « Il n'est pas encore, même actuellement, convaincu de leur inutilité. » Seuls des événements politiques survenus alors ont empêché de pousser plus avant les essais faits dans cette voie. D'ailleurs, ce n'était pas lui, mais Lassalle qui avait désiré ces rencontres. Il avait demandé ces entrevues par lettre et Bismarck, par caprice et par pure bienveillance, avait acquiescé à sa demande. « Qu'est-ce que Lassalle aurait pu m'offrir ou me donner ? Qu'avait-il derrière lui ? Rien, personne. Le « *do ut des* » est au fond de toutes les négociations politiques, même quand, par convenance, on n'en parle pas. Mais quand on est obligé de se demander : « Que pourrais-tu bien me donner, pauvre diable ? » Il n'avait absolument rien à m'offrir, à moi « ministre ».

Il est clair que l'homme qui « n'a jamais menti officiellement » en use ici bien peu officiellement avec la vérité. S'il ne s'était agi que d'un simple entretien, Lassalle ne se serait pas dérangé, et le ministre, de son côté, n'aurait pas prié à plusieurs reprises « le Juif révolutionnaire » de venir le voir et n'aurait pas discuté avec lui pendant des heures. Bismarck avoue trois ou quatre entrevues, tandis que Madame de Hatzfeld prétend qu'au cours d'une semaine seulement elles se renouvelaient trois et quatre fois. Mais il suffit de lire les discours des représentants du gouvernement à la Chambre et les articles de la presse gouvernementale de cette époque pour se convaincre que le ministère Bismarck songeait fortement à établir le suffrage universel. Et les circonstances étaient telles que le seul moyen de le faire était de l'octroyer par la voie de la prérogative royale. Lassalle lui-même fait dans sa défense, lors de son procès de haute trahison, des remarques de cette nature et les fait suivre des déclarations que l'on connaît et que l'on ne peut apprécier à leur juste valeur que depuis que l'on sait qu'il s'est rencontré avec Bismarck.

« Le procureur m'accuse de vouloir établir le suffrage universel et direct, et de renverser ainsi la Constitution !

« Eh bien ! messieurs, bien que je ne sois qu'un simple particulier, je puis vous le dire : Non seulement je *désire* que la Constitution soit renversée, mais avant qu'une année soit révolue, j'aurai peut-être eu la chance de la renverser !

« Mais comment ? Sans qu'une seule goutte de sang ait été versée, sans qu'une seule main se soit levée pour faire violence ! Peut-être qu'une année ne s'écoulera plus, avant que le gouvernement établisse le suffrage universel et direct, et cela de la manière la plus tranquille et la plus pacifique.

« Quand on est fort, messieurs, on peut jouer franc jeu et cartes sur table ! La diplomatie la plus habile est celle qui n'a pas besoin d'entourer ses calculs et ses projets de mystères, parce qu'elle les fonde sur une impérieuse nécessité, une nécessité de fer !

« Et c'est pourquoi je puis vous dire ici, dans cette audience solennelle, qu'une autre année ne s'écoulera peut-être pas avant que M. de Bismarck, jouant le rôle de Robert Peel, n'établisse le suffrage universel et direct ! »

Lassalle ajoute qu'il le savait dès l'origine, « dès le premier jour où j'ai lancé ma « Lettre ouverte » et commencé cette propagande ; c'était du reste évident « pour quiconque avait une vue nette de la situation ». Il est sans doute exact qu'au cours de l'hiver de 1862-1863, on se demandait dans les sphères gouvernementales s'il serait possible de briser la majorité progressiste de la Chambre en modifiant la loi électorale, et c'est pour cette raison que le gouvernement commençait à s'intéresser aux questions sociales. Il eut cependant été difficile à Lassalle de parler avec cette précision de l'octroi prochain du suffrage universel. Il n'y serait pas revenu avec tant d'insistance, si, au cours de ses entretiens avec Bismarck, il ne s'était pas convaincu que cette mesure était décidée et serait appliquée soit avant, soit immédiatement après l'expédition contre les Danois.

Par contre, il est plus vraisemblable de croire, avec Bismarck, qu'il n'y eut pas de rupture entre Lassalle et lui. Les négociations peuvent avoir cessé momentanément, quand Lassalle se fût convaincu que Bismarck voulait encore attendre avant de risquer ce grand coup. Aussi dit-il toujours que cette mesure sera prise éventuellement dans le courant de l'année. Mais les relations ne furent pas définitivement rompues ; ce qui le prouve, c'est que Lassalle continua de faire envoyer à Bismarck, par le secrétaire de l'*Association générale des ouvriers allemands*, deux exemplaires de chacune de ses publications, sous enveloppe fermée et portant la mention « personnel ».

De plus, on peut également croire Bismarck quand il dit que le « *do ut des* » empêchait que ses négociations avec Lassalle aboutissent à des stipulations précises. La situation n'était évidemment pas tout à fait telle que la dépeint le ministre qui exagère avec son ironique : « qu'est-ce que tu peux me donner, pauvre diable ? Il n'avait rien à m'offrir, à moi ministre ! » La position de Bismarck n'était nullement brillante ni assurée. Il pouvait tirer parti de toute aide, quelle qu'elle fût, et l'aide de Lassalle pouvait bien lui être d'une *certaine* utilité. Mais ce n'était pas suffisant pour déterminer le ministre à céder aux instances de l'agitateur. Le 25 juillet 1863, ce dernier écrivait à Vahlteich : « Vous ne pouvez laisser dire des mensonges à nos fondés de pouvoir.

Vous ne pouvez pas les inciter à parler de 10.000 hommes, alors que nous n'en avons peut-être pas un millier. Nous pouvons nous taire sur ce point, mais il ne saurait nous convenir de mentir. » Or, dès son retour à Berlin, Lassalle mettait une ardeur maladive à exagérer tous ses succès. Une des raisons de cette manière d'agir se trouve peut-être dans ce qui précède. S'il ne réussissait pas à conduire de véritables masses, il voulait cependant à tout prix paraître être une force. Mais sans doute Bismarck était-il suffisamment renseigné d'autre part sur l'état réel du mouvement.

L'affaire d'ailleurs était d'une nature toute particulière. Bismarck avait certainement compris aussitôt qu'il n'aurait en Lassalle un allié politique qu'aussi longtemps que cette alliance servirait le chef socialiste et ses projets politiques. En d'autres termes, Lassalle devait tenir vis-à-vis de Bismarck la même conduite que celui-ci vis-à-vis de Lassalle. Lassalle se tournerait inexorablement contre lui dès qu'il en aurait obtenu tout ce qu'il en voulait tirer. Le premier entretien devait avoir dissipé tous les doutes. Lassalle n'était pas un « poisson sans arêtes », comme le disait très bien Rodbertus, en parlant de Lothar Bücher. Il avait au contraire bonnes arêtes et bons piquants. L'appât d'un petit poste — sans parler d'argent — n'avait absolument aucun attrait pour lui. Une fois le suffrage universel institué, Lassalle ne pouvait-il devenir fort gênant ? Aussi, nulle raison de se presser. Quoiqu'il en soit, la propagande de Lassalle était dirigée de plus en plus exclusivement contre le parti libéral et c'était, pour le moment, tout ce que demandait Bismarck.

Dans son plaidoyer « *La science et les ouvriers* », prononcé le 16 janvier 1863, Lassalle déclarait : « Peut-on même dire chez nous que l'établissement du régime électoral des trois classes retombe sur les possédants, sur la bourgeoisie allemande ?... C'est le gouvernement prussien seul et non les classes possédantes de Prusse, qui pour toujours et dans la nation tout entière portera la peine et la responsabilité du système électoral qui nous a été octroyé. » Et encore : « Bourgeois et ouvriers, nous sommes tous les membres d'un même peuple, tous unis contre nos oppresseurs, » — c'est-à-dire contre le gouvernement.

Mais le 12 mars 1864, devant le tribunal suprême, il disait que le conflit constitutionnel n'était qu'une lutte entre la royauté et « une clique ». La monarchie ne pouvait reculer devant cette « clique », c'était parfaitement juste, mais elle pouvait appeler le peuple sur la scène et s'appuyer sur lui. Pour le faire, elle n'avait qu'à se rappeler son origine, car *toute monarchie était originairement monarchie populaire...* « Une monarchie à la Louis-Philippe, créée par la bourgeoisie, ne pouvait certainement pas faire cela ; mais une monarchie qui n'avait pas changé de caractère depuis son origine, S'APPUYANT TOUJOURS SUR LA POINTE DE L'ÉPÉE, le pouvait certainement, si elle était résolue à poursuivre un but vraiment grand, national et démocratique. »

C'est là le langage du césarisme, et au cours de son discours, Lassalle l'exagère encore. Il proclame que la Constitution existante est *une grâce accordée à la bourgeoisie par la royauté*. Mais personne ne se laisse mettre volontairement au cou la corde qui doit l'étouffer ; on ne peut en blâmer personne, pas même la royauté. Ramenée toujours au droit ostensible, la monarchie s'est souvenue qu'il était préférable de revenir au droit réel et de faire entrer le peuple en scène, que de céder devant une clique et de laisser de son plein gré une poignée d'individus lui mettre au cou la corde qui l'étranglerait. « C'est ainsi que Lassalle aurait parlé le jour où le gouvernement ayant renversé la Constitution et octroyé le suffrage universel, on lui aurait reproché d'être le père intellectuel, le premier instigateur de ce coup d'État. »

Lassalle en était arrivé à ce point : non-seulement le fait de sa propagande servait momentanément la réaction, ce qui dans certaines circonstances était inévitable, mais il se laissait de plus en plus entraîner à parler le langage de la réaction. Sans doute, il pouvait encore s'écrier avec Wallenstein :

« Grand Dieu du ciel ! Ce ne fut jamais sérieux.

Ce ne fut jamais chose décidée. » (1)

Il jouait avec la réaction, il pensait pouvoir l'employer à ses desseins, puis au moment convenable, s'en débarrasser d'un seul coup. C'est en ce sens que, s'adressant à la comtesse de Hatzfeld, il appelait Bismarck son « plénipotentiaire ». Mais il oubliait qu'il y a une logique des choses plus forte que la plus forte volonté individuelle. En ne mettant en jeu que le succès, au lieu de placer toute sa confiance dans la force propre du mouvement et de lui consacrer exclusivement toute son énergie, il lui était déjà, suivant sa théorie même, devenu en partie infidèle.

En fait, et pour revenir encore une fois sur l'article déjà cité et où il exposait l'idée fondamentale de son *Franz de Sickingen*, Lassalle, grâce à l'évolution qu'il avait accomplie depuis son retour des eaux, était arrivé exactement à la tactique qu'il reconnaissait être la « faute morale » de son héros. L'exactitude avec laquelle il a dépeint sa propre destinée est vraiment remarquable. Lui aussi, il était la dupe de cette « sagesse qui se croit réaliste » et se flattait d'atteindre des buts révolu-

(1) *Beim grossen Gott des Himmels ! Es war nicht
Mein Ernst, beschlossene Sache war es nie.*

tionnaires par des moyens *diplomatiques*. Il avait mis un masque pour tromper son adversaire, le gouvernement prussien, mais ce n'était pas ce dernier qu'il abusait, c'étaient les masses populaires sans lesquelles il n'était rien. Le mouvement resta limité à une petite troupe de partisans personnels. Et comme Lassalle l'écrit de Franz de Sickingen, « ce grand diplomate, ce grand réaliste qui avait tout soigneusement calculé à l'avance, se vit finalement contraint de s'en remettre en tout au hasard le plus capricieux. »... « Trompé par l'apparence du fortuit et de l'accessoire, son calcul se trouve déjoué par la nature consciente du réel, et au lieu de devoir sa décision au concours de circonstances préparées, il est obligé de l'accepter d'un cas fortuit quelconque. » (1). Lassalle, lui aussi, se voit forcé de ne plus compter que sur le hasard, de tout faire dépendre de constellations fortuites dans la politique intérieure et dans la politique extérieure. Confiant dans son habileté quand il s'agissait de choses réelles, il jouait, mais il ne songeait pas qu'au jeu c'est celui qui a le plus d'atouts en main qui a le plus de chance de battre son adversaire, comme en politique c'est celui qui dispose des forces réelles les plus puissantes. Et comme c'était alors Bismarck et non lui qui avait l'avantage, ce n'était pas Bismarck qui était son agent, mais lui qui devait inévitablement finir par devenir l'agent du ministre.

Telle était la situation quand Lassalle prononça son discours de Ronsdorf : « *La propagande de l'Association générale des ouvriers allemands et la promesse du roi de Prusse.* » (1) C'est son dernier discours de propagande, c'est le plus faible aussi, où il ne vise plus

(1) Cf. n° 45, 1890-1891, de la *Neue Zeit*, page 588 et 599.

(1) *Die Agitation des allgemeinen deutschen Arbeiter Vereins und des Versprechen des Königs von Preussen.*

qu'à l'effet. Lassalle paraît avoir eu conscience de son insuffisance ; ce qui le prouve, c'est l'édition de ce discours, dont il a lui-même préparé le texte, et où il a partout introduit des remarques, notant l'impression produite par les différents passages. Une conférence forte par elle-même peut parfaitement se passer de ces sortes d'interpolations et de parenthèses, qui nuisent plutôt à un discours sérieux. « *La propagande de l'Association générale des ouvriers allemands* » n'a aucune des qualités des premiers discours de propagande de Lassalle ; tous les défauts au contraire s'y trouvent encore aggravés.

Non seulement la matière du discours est faible, mais la tendance qu'on y relève mérite d'être plus blâmée encore que tout ce qu'a pu dire ou écrire Lassalle.

Des tisserands de Silésie, poussés par la misère et encouragés par la démagogie sociale des féodaux, avaient envoyé une députation à Berlin pour demander au roi de Prusse aide et assistance contre les maux dont ils souffraient. Comme il s'agissait des ouvriers d'un fabricant progressiste, le roi les avait reçus sur la recommandation de Bismarck. En réponse à leurs griefs, le monarque les informa qu'il avait « invité ses ministres à leur prêter, dans la mesure du possible, et en toute diligence, l'assistance de la loi. »

Personne ne reprochera trop grièvement à Lassalle d'avoir représenté cette démarche des tisserands silésiens et la réception de la délégation par le roi comme un succès de sa propagande, bien que la prétention fût en réalité excessive. Comme d'autres exagérations contenues dans le discours de Ronsdorf, celle-ci s'explique par la situation même de Lassalle. Mais il ne s'en tient pas là. Il donne à l'audience accordée aux délégués par le roi et aux paroles de celui-ci une interprétation qui ne peut que servir de réclame au monarque et à son gouvernement. Il lit aux travailleurs un compte rendu de l'officieuse « *Zeidler'sche Korrespondenz* », choisit les passages les plus favorables et les débite, comme il est dit dans l'édition imprimée du discours, « en appuyant fortement de la voix et en l'accompagnant des gestes les plus émouvants. » (1).

Lassalle déclare que le discours du roi renferme « la reconnaissance du principe fondamental en faveur duquel nous avons entrepris notre propagande. » Le roi de Prusse aurait admis qu'il était nécessaire de régler la question ouvrière par voie légale. Il relève encore la promesse du roi de régler la question ouvrière et de remédier à la misère du travailleur par voie législative. Enfin, « comme une Chambre progressiste, une Chambre élue suivant le régime des trois classes n'accorderait jamais au roi les crédits nécessaires et que, la chose ne coutât-elle rien, elle ne donnerait jamais son approbation à une loi de cette nature, implicitement, par la force même de la logique, le roi a promis également le suffrage universel et direct. »

Le compte rendu veut qu'en entendant ces mots, « l'assemblée qui avait écouté la dernière partie de ce discours avec une attention extraordinaire », ait fait éclater « un enthousiasme indescriptible » dont les manifestations se reproduisirent chaque fois que Lassalle chercha à reprendre la parole.

Si la joie était vraiment si vive et les applaudissements si nourris, c'était une preuve que les ouvriers

---

(1) Voici ces passages : « En congédiant les délégués, Sa Majesté les tranquillise en les assurant que la question sera bientôt réglée par une loi qui rémédiera à leur misère. La promesse royale retentira dans toutes les vallées du Riesengebirg et y portera le courage et le réconfort. Des centaines de familles honorables, mais malheureuses, y puiseront un nouvel espoir et la force d'attendre la solution avec patience. »

prenaient pour de l'argent comptant l'interprétation que Lassalle donnait de la promesse royale, et rien ne démontre mieux combien ce discours était mauvais.

Sans doute, dans la mesure où elles s'adressaient à eux, ces paroles et la peinture brillante des succès obtenus jusqu'alors devaient pousser les travailleurs à déployer une activité intense, enthousiaste en faveur de l'*Association*. Dans une *réplique à un compte rendu de son « Bastiat-Schulze »*, paru dans la *« Kreuzzeitung »*, et dont Lassalle déclare qu'il « émanait d'une personne trop haut placée pour qu'il lui fût permis de laisser sans réponse les questions qu'on lui posait », Lassalle renvoie expressément le collaborateur de l'organe gouvernemental à son discours de Ronsdorf et fait envoyer la réponse et deux exemplaires de la brochure sous enveloppe fermée à Bismarck, avec la mention « personnel ». Tous deux, discours et compte-rendu, étaient calculés pour faire impression sur le gouvernement, étaient écrits *ad usum Delphini*. « L'enthousiasme indescriptible » devait leurrer le roi et Bismarck.

Mais personne ne peut servir deux maîtres à la fois. En composant son discours de façon à produire l'effet désiré sur les sphères gouvernementales, Lassalle lui donna en fait un caractère de plus en plus césarien. Il constitue un double pronunciamiento césarien : césarisme dans les rangs du parti, — césarisme dans la politique du parti.

« Rien de plus contraire à l'organisation, rien de plus incapable de force créatrice que l'individualisme libéral, inquiet et boudeur, cette grande malad'e de notre époque », lit-on dans la réponse à la *« Kreuzzeitung »*. « Mais cet individualisme inquiet et boudeur n'atteint nullement la masse ; il a sa racine, nécessairement, naturellement, dans les quarts, dans les huitièmes d'intelligence de la bourgeoisie. »

« La raison en est simple : en vertu de leur situation, l'esprit des masses est toujours tourné vers des buts objectifs, concrets. Les voix d'individus inquiets, turbulents ne peuvent se faire entendre dans cet accord. L'oligarchie est la terre natale, la sphère homogène de l'individualisme négatif, corrosif de notre bourgeoisie libérale et de sa personnalité subjective et entêtée. »

Lassalle s'exprima de même dans son discours de Ronsdorf : « Il y a un autre élément très remarquable de nos succès : c'est l'esprit très décidé de stricte unité et de sévère discipline qui règne dans l'Association. A ce point de vue aussi, et surtout à ce point de vue, notre Association fait époque, constitue un événement historique absolument nouveau. Elle s'étend sur presque tous les pays allemands, elle agit partout comme un seul individu, elle se meut avec la même unité qu'un seul homme. Je ne suis personnellement connu, je ne me suis personnellement rendu que dans très peu de districts et cependant du Rhin à la mer du Nord, de l'Elbe au Danube, je n'ai jamais encore entendu un seul « non », quoique l'autorité que vous m'avez confiée repose uniquement et entièrement sur votre libre consentement et votre libre volonté... Partout où je me suis entretenu avec les travailleurs, leurs discours peuvent se résumer dans la phrase suivante : nos volontés sont unanimes ; unissons-les en un seul et même faisceau ; remettons-le aux mains d'un homme dont l'intelligence, l'intégrité et la bonne volonté nous soient garants que, l'ayant accepté, il frappera !

« Nos hommes d'Etat considéraient jusqu'à présent, comme deux contraires irréconciliables, la liberté et l'autorité. Vouloir les concilier, c'était chercher la pierre philosophale. Ces deux extrêmes, l'autorité et la liberté, n'en sont pas moins unis intimement dans notre Association, modèle réduit de notre société future. Chez nous, nul esprit taquin ; nous ignorons le cancer qui ronge toute notre bourgeoisie libérale... » (1).

Au point de vue formel, ces phrases reposent sur une idée juste. Dans la société moderne, la classe ouvrière est en général plus que toute autre propre à l'action en commun. En fait, les conditions d'existence du prolétaire industriel développent chez lui l'esprit de solidarité. Le bourgeois au contraire ne pratique l'action en commun que dans des conditions anormales ; son existence sociale ne l'y prédispose pas. Mais c'est fausser totalement cette pensée juste que de la généraliser comme le fait Lassalle. Action en commun ne signifie nullement dictature personnelle. Quand la masse abdique, elle est en passe de devenir, d'un facteur révolutionnaire, un facteur réactionnaire. Dans les luttes de la société moderne, la dictature personnelle a toujours été l'ancre de salut des classes réactionnaires menacées dans leur existence. Personne n'incline plus à renoncer à « l'individualisme négatif, corrosif » que le bourgeois moderne, dès qu'il voit sérieusement compromis ses sacs d'écus et ses privilèges de classe. Dans de semblables moments, la « masse réactionnaire » devient une réalité et quand la tendance se généralise, le bonapartisme fleurit. Les classes qui se sentent incapables de se gouverner elles-mêmes font ce que Lassalle demande aux ouvriers : elles abdiquent entre les mains d'une seule personne et condamnent toute tentative de contrarier les intérêts particuliers du dictateur, comme étant un « individualisme turbulent et taquin. » C'est ainsi que, de 1870 à 1880, la bourgeoisie allemande a accusé de trahison le parti qui, en fait, défendait avec le plus de logique ses intérêts de classe : le parti libéral. Elle lui

(1) *Die Agitation des allgemeinen deutschen Arbeitervereins und das Versprechen des Königs von Preussen.* 1re édit., p. 37 et suiv.

reprochait d'avoir par ses taquineries gêné l'action du gouvernement. En 1851, la bourgeoisie française s'en prit à ses propres représentants parlementaires, les traitant de « perturbateurs », d' « anarchistes », etc...., chaque fois qu'ils tentaient d'enlever à Louis Bonaparte les moyens de faire son coup d'Etat. Et cela dura jusqu'à ce que Napoléon se sentit assez fort pour s'ériger en dictateur *contre* la bourgeoisie, au lieu de se contenter d'être simplement le protecteur de l'ordre et le défenseur des lois *au profit* de la bourgeoisie.

Une classe révolutionnaire qui s'élève n'a absolument aucune raison d'abdiquer, de renoncer au droit de critique vis-à-vis de ses chefs. Et nous avons vu que dans l'affaire de Solingen, si Lassalle pouvait se prévaloir d'une intelligence supérieure à celle des travailleurs, ceux-ci ne lui avaient pas moins répondu « non » très nettement et très énergiquement, et certainement aussi pour le grand bien du mouvement. A Berlin également, à certain moment, il s'était attiré une semblable réponse. Quand il se vantait d'avoir réalisé « l'autorité et la liberté · au sein de l'Association qu'il dirigeait, il exprimait plutôt un désir qu'un fait déjà accompli.

Les qualités personnelles de Lassalle lui rendaient sympathique l'idée d'une semblable dictature. Elle lui était d'ailleurs devenue indispensable. Il ne pouvait poursuivre la politique où il s'était engagé que si les membres du parti suivaient leur chef sans chercher à le critiquer et exécutaient sans murmurer tout ce qu'il exigeait d'eux. Lassalle traita la promesse faite par le roi de Prusse aux tisserands silésiens de telle façon qu'il ne réussit à se conserver sa qualité de démocrate que dans une faible mesure et pour ainsi dire incidemment. Tout le reste du discours aboutissait à un véritable césarisme. A son commandement, ses partisans devaient être prêts à devenir de bons et loyaux sujets. Une seule

raison peut excuser le discours de Ronsdorf au point de
vue purement humain, dans les circonstances où l'on se
trouvait alors, c'est que cet acte était devenu pour
Lassalle une inéluctable nécessité. Il avait besoin de la
dictature pour disposer à l'occasion des ouvriers et les
faire servir à ses projets ; il fallait que sa dictature fût
confirmée pour qu'elle parût à tous être une puissance
avec laquelle le pouvoir devait compter. Une fois engagé
dans cette voie, Lassalle devait forcément y persévérer ;
il lui était impossible de s'arrêter.

Dans la direction intérieure de l'Association et dans
son action extérieure, il suivit les mêmes errements.
C'est ainsi qu'il insista sur l'exclusion de Vahlteich qui
avait manifesté, sur l'organisation, des idées opposées
aux siennes. Il ne se contenta pas de poser la question
de cabinet — lui ou moi ! — si bien qu'il ne restait plus
aux membres du parti qu'à sacrifier à Monsieur le Président l'ouvrier Vahlteich, mais il se conduisit encore
dans cette affaire d'une manière tout à fait déloyale. Il
ordonna en effet de faire circuler le réquisitoire très
volumineux qu'il avait rédigé de telle sorte que Vahlteich
n'en connut le contenu que lorsque les autres membres
du comité exécutif en avaient déjà, par une lecture
anticipée, été défavorablement impressionnnés contre
lui.

Quelle que soit l'opinion que l'on ait sur les propositions de Vahlteich tendant à modifier l'organisation,
il n'en est pas moins vrai qu'il était peu légitime de
considérer la réforme de l'Association comme une
espèce de trahison envers la cause. Et cela d'autant
moins que Lassalle était déjà à moitié résolu à laisser
tomber l'Association si sa dernière tentative « d'exercer
une pression sur les événements » venait à échouer.

Ce « coup », pour employer l'expression de Lassalle
lui-même, devait être mis en scène à Hambourg, à

propos des duchés de Schleswig-Holstein, récemment
annexés.

Quand, dans l'hiver de 1863, la mort du roi de
Danemark fit passer au premier plan la question
danoise. Lassalle qui, à ce moment déjà, était en
relations avec Bismarck et avait le plus grand intérêt à
ce que son parti suivît la politique qu'adopterait le
gouvernement prussien, avait poussé l'Association à
s'élever contre l'agitation que faisait naître cette
question. Il avait rédigé lui-même une résolution à ce
sujet et l'avait fait adopter partout. C'était la suivante :

« *L'unité* de l'Allemagne résoudrait naturellement la
question du Schleswig-Holstein. Vis-à-vis de cette grande
œuvre, il est relativement très peu important qu'il y ait
en Allemagne un prince étranger, aussi longtemps que
les trente-trois autres continuent d'exister. »

Le reste de la résolution ne contient que des géné-
ralités. Tous les gouvernements allemands ont le devoir
d'incorporer les duchés à l'Allemagne « par la force des
armes s'il le faut » ; mais le peuple est invité à être sur
ses gardes : qu'il ne se laisse pas distraire de problèmes
plus importants. On reproche aux progressistes et aux
membres de l'Association nationale *(National Verein)*
de vouloir profiter de la question danoise pour détourner
l'attention de la situation intérieure et d'éviter ainsi,
sous couleur de patriotisme, de résoudre un conflit
qu'ils sont impuissants à faire cesser. Voilà ce que
Lassalle écrivait en décembre 1863.

Maintenant que les duchés étaient conquis, il s'agissait de savoir ce qu'on en ferait. Une grande partie des
progressistes soutenait les prétentions légitimistes du
prince d'Augustenbourg, tandis qu'en Prusse, dans les
régions compétentes, on travaillait à l'annexion des
duchés à la monarchie prussienne. Les partis démocratiques avaient sans doute peu intérêt à ajouter un trente-

quatrième prince aux trente-trois qui existaient déjà. Mais ils n'avaient d'autre part aucune raison de renforcer la puissance du gouvernement le plus absolutiste de l'Allemagne. Cependant, au point de vue politique, Lassalle avait si bien perdu toute notion de tact qu'il résolut très sérieusement de tenir à Hambourg une grande réunion publique et de lui faire adopter une résolution portant que Bismarck avait le devoir d'annexer les duchés à la Prusse, contre la volonté de l'Autriche et des autres États allemands. Nous n'avons pas besoin de qualifier le rôle dont Lassalle prenait ainsi la responsabilité, et à quels desseins il prétendait faire servir les ouvriers socialistes de Hambourg qui lui témoignaient tant de reconnaissance et de vénération. Quoi qu'il en soit, le projet ne fut jamais mis à exécution. Les travailleurs de Hambourg se virent épargner un conflit entre leurs convictions démocratiques et leurs prétendus devoirs envers leur chef.

Après avoir soutenu encore un procès à Düsseldorf, Lassalle s'était rendu en Suisse. Il s'arrêta d'abord à Rigi-Kaltbad où, à l'occasion d'une excursion, il reçut une invitation de Mlle Hélène de Dönniges. Il avait fait sa connaissance à Berlin pendant l'hiver de 1862 à 1863, et déjà alors, à en croire les révélations qu'elle fit plus tard, il lui avait offert sa main. C'est au cours de cette visite que se noua l'intrigue amoureuse qui devait se terminer par la mort prématurée de Lassalle.

Les détails de l'affaire sont aujourd'hui très connus. Les traits caractéristiques de la conduite de Lassalle en cette occasion sont hors de doute et nous pouvons parfaitement nous dispenser de reprendre ici par le menu le récit de l'aventure. Du reste, Lassalle, dans cette circonstance, ne se montra nullement sous un nouveau jour ; au contraire, il y déploya, en les exagérant encore, les qualités et les défauts que nous lui connaissons déjà.

On peut dire que l'affaire Dönniges reproduit en petit et sur un autre terrain toute l'histoire politique de Lassalle. Il crut avoir trouvé en Hélène de Dönniges la femme de son choix. La seule difficulté était d'obtenir le consentement des parents. Mais Lassalle ne doutait pas un seul instant que l'influence de sa personnalité ne suffît à écarter cet obstacle. Confiant en lui-même, calculant avec une prudence consommée toutes les contingences possibles, il combine adroitement son plan de campagne. Il ira trouver les parents, il leur enlèvera leur consentement, leur arrachera leur autorisation avant même qu'ils se rendent exactement compte de ce qu'ils font. Mais alors un léger accident se produit fortuitement. Une imprudence de la jeune personne apprend aux parents le projet de mariage plus tôt qu'il ne l'aurait fallu, et ceux-ci déclarent formellement que, sous aucun prétexte, ils n'accepteront Lassalle pour gendre. Il n'abandonne pas cependant son projet ; son triomphe sera d'autant plus grand que la résistance des parents aura été plus vive. Se laissant emporter par cette conviction, il agit de telle façon que tout espoir d'arriver au but par la voie projetée disparaît, que la jeune fille elle-même commence à douter de lui... Quoi qu'il en soit, si ce moyen ne réussit pas, il aura recours à d'autres artifices. Sans égard à ce qu'il se doit à lui-même, sans égard à sa situation politique, Lassalle engage une lutte où le succès l'emporte sur toute autre considération. Tout moyen est bon, qui promet la victoire. On poste des espions chargés de surveiller la famille Dönniges et de faire rapport sur leurs allées et venues. Par l'entremise de Hans de Bülow, on prie Richard Wagner de décider le roi de Bavière d'intercéder auprès de M. de Dönniges en faveur de Lassalle. On offre à l'évêque de Mayence, de Ketteler, la conversion de Lassalle au catholicisme pour que le prélat use de son

influence à son profit. Lassalle ne se rend nullement
compte combien il est peu digne de lui et de sa mission
historique de faire antichambre chez le ministre de
Schrenk, pour lui demander de l'aider à obtenir sa
bien-aimée. Il ne lui importait guère davantage de se
montrer si différent de Hutten, son prototype, en sollicitant l'intervention d'un représentant de Rome pour
recevoir de lui la même faveur. Ici, où il aurait pu, où
il aurait dû se montrer fier, il n'eut aucune fierté.

Cependant, le succès ne vint pas. L'évêque de
Mayence ne pouvait absolument rien faire, parce
qu'Hélène de Dönniges était protestante, et l'intervention, tentée par un représentant du ministre des affaires
étrangères de Bavière, envoyé expressément sur le
théâtre du conflit, ne fit que montrer à Lassalle que sa
façon de se conduire l'avait mis, lui et la femme pour
laquelle il luttait, dans une position extrêmement fausse.
Bien qu'il sût pertinemment qu'Hélène manquait totalement d'énergie et de volonté, ce qui lui avait paru être
une qualité précieuse pour leur future vie en commun
(« Maintenez Hélène dans *les idées de soumission* où
elle est maintenant », écrivait-il le 2 août à la comtesse
de Hatzfeld), il lui avait maintenant confié un rôle qui
exigeait la plus grande puissance de volonté et s'empor-
tait parce qu'elle tentait de s'y soustraire. Entraîné par
la confiance qu'il avait en lui-même, habitué à voir
exclusivement toutes choses du point de vue de ses
préférences personnelles et de ses intérêts immédiats,
il avait complètement oublié que les natures les plus
soumises sont précisément celles qui modifient avec la
plus grande facilité leurs sentiments et leurs impressions. Il vit la « trahison énorme », la « coquetterie
inouïe » d'une « fille dépravée » là où il n'y avait que la
légèreté et l'inconstance d'une grisette du grand monde.

D'ailleurs, ses nerfs étaient absolument à bout :

depuis longtemps déjà, il ne possédait plus l'énergie et la volonté d'un homme bien portant. L'emploi subit des moyens violents, la tendance à remuer ciel et terre pour de simples futilités, l'impossibilité de supporter la contradiction, de renoncer à un désir ne sont pas des preuves de vigueur intellectuelle, mais des symptômes d'extrême débilité. Le passage brusque de la colère aux larmes que des témoins oculaires ont alors unanimement constaté chez Lassalle décèle incontestablement un trouble profond du système nerveux.

Dans cet état, il lui était impossible de supporter tranquillement son échec, et il chercha dans un duel la satisfaction à l'injure que, suivant lui, on lui avait faite. Quelqu'insensé que soit le duel en soi, il devient explicable et compréhensible dans certaines circonstances. Dans les sphères sociales où se passait l'affaire, le duel lave toute honte et toute insulte. Puisque Lassalle ne possédait pas la force morale suffisante pour se borner, dans une lutte quelconque, à n'employer que les moyens qui seuls convenaient au représentant du parti qui veut réorganiser la société sur des bases socialistes, il était alors logique en somme qu'il cherchât satisfaction à l'injure qu'il prétendait lui avoir été faite à la manière des gens de son entourage.

Ce n'était pas le socialiste Lassalle qui présentait sa poitrine à l'arme du boyard Janko de Racowitza, c'était Lassalle, le fils du commerçant qui voulait être aristocrate, et si avec ce dernier, le socialiste succomba, lui aussi, dans ce duel, le socialiste expia ainsi la faute d'avoir laissé l'aristocrate l'emporter sur lui.

XI

Conclusion. — Le legs de Lassalle au mouvement ouvrier allemand.

Une mort prématurée mit ainsi lamentablement fin à la carrière politique de Lassalle, à ses projets et à ses espérances. Peut-être cela fût-il préférable, peut-être aussi dans ses dernières heures n'a-t-il pas trouvé que sa mort fût un malheur. Le but qu'il croyait pouvoir emporter d'assaut, s'était reculé dans le lointain, et quant au travail lent et tranquille qu'exige toute organisation, il ne se sentait pas apte à l'entreprendre. Son avenir prochain lui semblait très incertain et c'est peut-être là ce qui a contribué dans une large mesure à le précipiter avec cette hâte presque folle dans l'affaire Dönniges.

Il est sans doute oiseux de se demander ce que Lassalle aurait fait s'il n'avait pas succombé à la balle de M. de Racowitza. Cependant cette question a été tranchée d'une façon telle qu'elle nous oblige à notre tour à y insister quelque peu.

On dit en effet, habituellement, que Lassalle, s'il avait continué à vivre, n'aurait plus eu qu'un parti à prendre, imiter son ami Bucher et entrer au service du gouvernement prussien. Mais il faut juger Lassalle d'une façon absolument fausse, pour parler de la sorte. Sans doute la politique qu'il avait adoptée à la fin aurait abouti à le conduire dans le camp du gouvernement, si tant est qu'il l'eût poursuivie logiquement. Mais il n'eût jamais été jusque là ; jamais il ne fût allé jusqu'à revêtir l'uniforme du fonctionnaire prussien. Il possédait assez de fortune pour vivre à son gré. Le gouvernement prussien n'aurait pu lui offrir qu'une situation qui n'aurait pas convenu davantage à son ambition qu'à ses convictions intimes, toujours demeurées intactes. A ce point de vue, il aurait pu dire à Bismarck ce que celui-ci lui prétend avoir pu lui dire : « Qu'est-ce que tu pourrais me donner, pauvre diable ? »

Ce qu'il y a de plus vraisemblable, c'est que, dès que les peines prononcées contre lui seraient devenues exécutoires, il se serait établi à demeure à l'étranger et y aurait attendu un changement dans la politique de la Prusse et de l'Allemagne. Car il est clair que le « coup » de Hambourg, même si la réunion s'était tenue et que la résolution eût été adoptée, n'aurait modifié en rien, au point de vue pratique, la situation du moment. L'issue du reste était si douteuse qu'il avait suffi du simple consentement d'Hélène de Dönniges pour faire changer d'opinion à Lassalle sur l'effet présumé ou probable du « coup ». Le 27 juillet, il écrivait à ce sujet à la comtesse de Hatzfeld : « ... Je dois tout d'abord aller à Hambourg, où je frapperai peut-être un grand coup, un très grand coup, un coup peut-être excessivement important. » Le lendemain il obtient le consentement d'Hélène à devenir sa femme, et il annonce à la comtesse qu'il ne fait pas grand fond sur la tentative de Hambourg. Le passage de cette lettre a souvent été cité, mais il caractérise si parfaitement l'état d'esprit de Lassalle que nous pouvons le reproduire encore ici. Voici ce passage :

« Comme vous me comprenez mal ! Vous m'écrivez : « Ne pouvez-vous, pendant quelque temps, vous contenter des agréments de la science, de l'amitié et de la belle nature ? » Vous vous figurez que la politique m'est nécessaire.

« Ah ! que vous êtes peu « au fait » de moi ! Je ne désire rien tant *que de me débarrasser de toute la politique*. Sans doute j'aurais toujours pour elle l'ardeur passionnée d'autrefois, s'il se produisait des événements sérieux, si je possédais assez de puissance pour m'en rendre maître, si je voyais un moyen de le faire, un moyen qui me convînt. *Si l'on ne dispose pas de la force, de toute la force, on ne peut rien faire.* Je suis *trop vieux* et *trop grand* pour m'arrêter à des jeux d'enfant. C'est pourquoi je n'ai accepté que bien à regret la présidence de l'Association. Je n'ai cédé qu'à vos instances. Elle me pèse maintenant singulièrement. Si je pouvais m'en débarrasser, je serais disposé en ce moment de partir pour Naples avec vous. Mais comment m'en débarrasser ?

« Les événements, je le crains, se développeront lentement, très lentement, et mon âme ardente ne prend aucun plaisir à ces maladies d'enfant, à ces marches chroniques. Politique signifie action du moment, activité immédiate. La science peut régler tout le reste. Je vais tenter à Hambourg d'exercer une pression sur les événements. Mais je ne puis prédire quel effet je produirai, et du reste je ne fais pas grand fond moi-même sur cette tentative.

« *Ah ! si je pouvais me retirer !* »

Dans un autre passage de la même lettre, Lassalle écrit qu'il est « gai et plein de vigueur », puis il ajoute : « Eh bien, mon ancienne vigueur est encore là, mon ancienne chance aussi. » C'était donc exclusivement les circonstances politiques qui lui dictaient ces phrases résignées.

Quand, après son séjour à Berne avec Hélène de Dönniges, il arriva à Genève, Lassalle semble déjà avoir pris la résolution de s'expatrier. Dans les papiers de Joh. Ph. Becker, on a trouvé un *permis de séjour* émanant du gouvernement génevois et adressé à M. Ferdinand Lassalle, professeur, habitant chez M. Becker. Sur l'enveloppe, le vieux vétéran de la liberté avait écrit ces mots :

« Lorsque mon ami Lassalle arriva ici, dans cette triste et fatale année 1864, il m'annonça qu'il se sentait à bout de forces, qu'il devait s'arrêter. Il avait cru qu'il aurait pu, en un an de temps, amener à son plein épanouissement le mouvement socialiste. Il voyait maintenant qu'il faudrait des dizaines d'années pour arriver à ce résultat. Il sentait que sa vigueur corporelle était incapable d'un si long effort ; qu'en particulier, il ne pourrait supporter les peines de prison auxquelles il avait été condamné. Je lui conseillai alors de se choisir quelque part un lieu de résidence fixe, et dans ce but de prendre aussitôt domicile à Genève. Quand il y aurait séjourné pendant deux ans, conformément à la loi, il demanderait à être naturalisé, ce qui alors encore n'aurait pas souffert la moindre difficulté. Entre temps, il pourrait naturellement faire tous les voyages qui lui plairaient. Lassalle accepta sans hésitation et je lui procurai, le 11 août 1864, un *permis de séjour.* »

L'autorisation de séjour était valable pour six mois.

Pendant les quatre semaines qu'a duré la lutte dont Hélène de Dönniges était le prix, Lassalle n'a répondu à aucune des lettres émanant du secrétariat de l'Association générale des ouvriers allemands. Ce ne fut que la veille de son duel, quand il songea à faire son testament, qu'il pensa de nouveau à l'Association et assura à son secrétaire Willms une rente annuelle de 500 thalers destinée à des buts de propagande, ainsi qu'une autre de 150 thalers pour ses besoins personnels. Il désigna comme son successeur le fondé de pouvoirs pour Francfort, Bernhard Becker. Ce dernier devait rester fidèle à l'Association, « elle conduirait sûrement la classe ouvrière à la victoire. »

La nouvelle de la mort de Lassalle causa une stupeur profonde parmi les membres de l'Association. Pendant longtemps, il lui fut impossible de se faire à l'idée que le grand agitateur avait succombé dans une simple intrigue d'amour. Les ouvriers croyaient à un complot prémédité, ourdi par les adversaires pour se débarrasser du dangereux lutteur. Il se développa un véritable culte de Lassalle, une espèce de religion, et pour des motifs bien explicables au point de vue humain, la comtesse de Hatzfeld était particulièrement disposée à le favoriser. La façon dont Lassalle s'était toujours posé personnellement vis-à-vis des ouvriers ne contribua pas peu à ce culte. Quelqu'aimable qu'il ait pu être dans ses relations avec eux, il n'en avait pas moins donné toute son attention à faire ressortir à leurs yeux sa supériorité sociale et intellectuelle, tant dans son aspect extérieur que dans sa conduite. C'est avec la plus grande satisfaction qu'à Ronsdorf il s'était laissé traiter en fondateur d'une religion nouvelle. Il avait lui-même veillé à ce que parût dans le « *Nordstern* » un compte-rendu exagérant encore ce qui s'était passé réellement.

Dans ses discours, sa personnalité s'était de plus en plus placée au premier plan, à un tel point que, quand il se nommait avec d'autres, c'était toujours lui-même qu'il désignait tout d'abord.

Cette attitude peut avoir répugné à certaines personnes. Mais elle a exercé un grand charme sur la masse et, en particulier, sur les jeunes adhérents. Plus la fable s'emparait de la personnalité de Lassalle, plus aussi ce charme devenait efficace.

D'ailleurs, ce serait se tromper que de ne pas reconnaître que, pendant longtemps, ce culte envers la personnalité de Lassalle ait favorisé le mouvement. Volontiers les hommes ont une tendance naturelle à incorporer dans une personne déterminée une cause qui paraît un peu abstraite et dont les fins dernières ont une importance considérable. Cette rage de personnification est le secret de la plupart des fondateurs de religion, soit charlatans, soit illusionnaires. En Angleterre et en Amérique, c'est un facteur reconnu dans la lutte des partis politiques. Cette tendance est si puissante que le simple fait qu'une personnalité se distingue dans un corps composé d'intelligences égales ou même supérieures, suffit pour qu'on l'élève au-dessus des autres et qu'on lui donne un pouvoir qu'on refuse jalousement à tous. Que l'on se souvienne de la fièvre boulangiste qui a sévi en France et il ne manque pas d'exemples pareils dans l'histoire des autres pays. Des douzaines de membres de la Chambre des Députés étaient supérieurs à Boulanger en savoir, en aptitude, en caractère ; ils pouvaient se glorifier d'avoir reçu, au service de la République, les plus honorables cicatrices. Ils n'en furent pas moins réduits au rôle de simples comparses, tandis que lui, Boulanger, demeura le grand homme, dont le nom seul suffit à enflammer des centaines de mille Français. Pourquoi ? Parce que soudainement une idée s'était incorporée en lui. La Chambre des Députés, malgré la somme de savoir et d'expérience qu'elle représentait, n'était plus qu'une pluralité anonyme.

Le nom de Lassalle devint un drapeau pour lequel les masses montrèrent de plus en plus d'enthousiasme, à mesure que ses écrits se répandaient. Rédigés en vue du succès immédiat, avec un talent extraordinaire, au point de vue de la vulgarisation, mais sans laisser de côté le point de vue théorique, ils exercèrent et exercent encore partiellement aujourd'hui une grande influence sur les masses. Le « *Programme ouvrier* », la « *Lettre ouverte* », le « *Manuel du Travailleur* » ont conquis au socialisme des citoyens par centaines de mille. La force de persuasion qui inspire ces écrits a enflammé l'ardeur

de milliers de travailleurs dans la lutte pour les droits
du travail. A l'exception des discours de la fin, les
œuvres de Lassalle ne tombent jamais dans une phraséologie vide ; un réalisme rationnel, qui se trompe quelquefois sur les moyens à employer, mais cherche toujours
à tenir compte des faits, y règne et a ainsi pénétré dans
le mouvement. Si la démocratie socialiste allemande a
toujours su apprécier la valeur d'une organisation
puissante, si elle est si persuadée de la nécessité de
rassembler les forces que, sans le lien extérieur d'une
organisation, elle s'est toujours prise de façon à en
assurer les fonctions, elle le doit en grande partie à la
propagande de Lassalle. C'est un fait incontestable dans
les localités où les traditions lassalliennes étaient restées
les plus vivaces parmi les travailleurs, c'est là qu'on a
régulièrement le plus fait pour l'organisation des masses
ouvrières.

Cependant on ne peut jouir des avantages d'une
chose sans en même temps en accepter les inconvénients.
Nous avons vu combien la propagande de Lassalle était
à deux faces, — à deux faces dans son principe théorique, à deux faces dans sa pratique. Ce caractère ne
disparut naturellement pas immédiatement après la
mort de Lassalle ; il empira plutôt. Rester fidèle à la
tactique de Lassalle, c'était persister dans les errements
qui avaient marqué les derniers mois de sa propagande.
Il en avait conscience et se réservait toujours de jeter
le masque à un moment donné. Mais pour nous servir
d'une de ses expressions : « on peut bien tromper des
individus, des masses, jamais, » poursuivre sa politique
signifiait, si on la prenait à la lettre, tromper les masses.
Et les masses furent trompées. On en vint au temps de
la dictature de von Schweitzer. Je doute fortement que
M. von Schweitzer ait jamais été un agent du gouvernement au sens propre du mot. Mais ce dont on ne peut

douter, c'est que sa manière de parler n'ait été à certains moments celle d'un agent du pouvoir. Sous sa direction il arriva que des propagandistes de l'Association générale des ouvriers allemands proclamèrent qu'être républicain, c'était être bourgeois, parce que les républiques jusqu'alors avaient toujours été bourgeoises. Schweitzer était certainement l'homme le plus doué qui pût succéder à Lassalle, mais c'était un véritable cynique, et avec moins de réserve encore que Lassalle, il a flirté avec les démagogues de la cour de Prusse. Il a pu le faire sans jamais être embarrassé de trouver dans les écrits de Lassalle des passages qui justifiaient ses manœuvres, et c'est là un reproche que l'on ne peut pas ne pas faire à Lassalle. Schweitzer n'a jamais rien fait de pis que de qualifier de « clique », comme Lassalle, les partis d'opposition luttant pour les droits constitutionnels de la Chambre et où figuraient des hommes comme Joh. Jacoby, Waldeck, Ziegler.

Le mouvement hérita encore d'autres fautes de Lassalle. Il a fallu des luttes longues et douloureuses pour s'en affranchir. J'ai exposé plus haut à loisir les erreurs théoriques de Lassalle. Rappelons seulement quelles luttes ardentes il a fallu soutenir pour que la démocratie socialiste d'Allemagne appréciât à sa juste valeur le mouvement syndical, combien de temps il a fallu pour qu'une grande partie des socialistes ne combattît plus les syndicats au nom de la « loi d'airain des salaires. » Le caractère personnel que Lassalle imprima au mouvement fit qu'après sa mort le parti devint une secte et se conduisit comme telle pendant de longues années.

Les hommes qui ont joué un rôle prépondérant et fait preuve de qualités exceptionnelles laissent d'habitude un grand nombre d'imitateurs. Il en fut de même pour Lassalle. Après sa mort, les quarts, les huitièmes de Lassalle sortirent gaiement de terre. Mais n'ayant pas son talent, ils durent se borner, pour l'imiter, à tousser comme lui et à cracher comme il avait fait. Et nous avons vu que ce n'étaient pas précisément les plus beaux côtés de Lassalle. Aussi furent-ils des produits très peu édifiants du mouvement ouvrier.

Tout cela est passé maintenant et nous pouvons en parler tranquillement, sans amertume. Mais à un moment donné, le mouvement en souffrit beaucoup et c'est pourquoi nous avons tenu à le rappeler ici.

Bornons-nous en là. On pourrait croire que je veux déprécier l'importance de ce que Lassalle a légué au mouvement ouvrier. Telle n'est pas mon intention. Ayant à étudier l'action de Lassalle dans ses détails, je devais le faire naturellement d'un point de vue critique. L'intérêt de la grande cause pour laquelle nous luttons est supérieur à la gloire d'un individu. La vérité avant tout. La démocratie socialiste n'a pas de légendes et n'a que faire d'en avoir. Elle ne fait pas des saints de ses précurseurs ; elle les considère comme des hommes. Elle peut souffrir qu'on les critique comme tels. Elle n'en déprécie pas les mérites et honore la mémoire de ceux qui ont puissamment contribué à la libération de la classe ouvrière.

Lassalle l'a fait à un haut degré. Plus peut-être qu'il ne l'a cru lui-même à la veille de sa mort. Les événements ont été autres qu'il ne le croyait, mais le mouvement est le même aujourd'hui dont il plantait la bannière au printemps de 1863. Ce sont les mêmes fins qu'il poursuit aujourd'hui, bien que les voies soient différentes, de même que ses revendications. Dans quelques années, les moyens auront peut-être changé encore, mais le mouvement n'en restera pas moins le même.

Personne, fût-ce le plus grand penseur, ne peut

déterminer à l'avance et dans le détail le chemin que suivra la démocratie socialiste. Nous ne savons pas combien de luttes nous sont réservées, combien de militants devront succomber encore avant que notre but soit atteint. Mais les tombeaux de nos morts nous disent les progrès du mouvement, nous inspirent confiance dans l'avenir et nous donnent la certitude du triomphe final de notre cause.

Pas plus qu'un autre, Lassalle n'a créé la démocratie socialiste allemande. Nous avons vu quelle agitation se faisait sentir parmi les ouvriers les plus avancés d'Allemagne quand Lassalle se mit à la tête du mouvement. Mais s'il ne nous est pas permis de voir en lui le créateur du parti, Lassalle n'en a pas moins la gloire d'avoir fait beaucoup pour lui, plus qu'il n'est d'ordinaire donné à un seul individu d'accomplir. Là où n'existait en général qu'une bonne volonté confuse, il fit naître des tendances conscientes. Il a fait connaître à la classe ouvrière allemande sa mission historique, il lui a appris à se constituer en un parti politique indépendant et a ainsi avancé le procès de développement du mouvement de plusieurs années. Son entreprise particulière échoua, mais la lutte qu'il mena en sa faveur ne fut pas inutile. Elle a rapproché la classe ouvrière de son but. L'heure de la victoire n'avait pas encore sonné, mais pour pouvoir vaincre, il fallait que le prolétariat apprît à combattre. L'avoir exercé au combat, et comme dit la chanson, lui avoir donné des armes, tel est le grand, l'impérissable mérite de Ferdinand Lassalle.

———

TABLE DES MATIÈRES

I. — La Situation politique de l'Allemagne au début de l'agitation lassallienne . . . .   1 à 17

II. — La jeunesse de Lassalle. — Le procès Hatzfeld 1848. *Franz von Sickingen* . . . .   18 à 46

III. — Lassalle et la guerre d'Italie . . . .   47 à 70

IV. — Le *Système des Droits acquis* et autres travaux (1860-61) . . . .   71 à 104

V. — La lutte constitutionnelle en Prusse. — Lassalle et le parti progressiste. — *Le programme des travailleurs*.   105 à 137

VI. — Rupture avec le parti progressiste. — La *Lettre ouverte* : sa partie politique . . . .   138 à 143

VII. — La *Lettre ouverte* au Comité central de Leipzig. .   144 à 158

VIII. — La *Lettre ouverte*, sa partie économique. — La loi d'airain des salaires et les sociétés coopératives de production basées sur le « self-help » . . . .   159 à 175

IX. — Lassalle comme agitateur et leader de l'*Association générale des ouvriers allemands* . . . .   176 à 196

X. — Vains efforts pour arriver à des succès politiques immédiats. — Rapprochement du gouvernement réactionnaire de Bismarck. — Mort de Lassalle . . . .   197 à 218

XI. — Conclusion. — Le legs de Lassalle au mouvement ouvrier allemand . . . .   219 à 228

Auxerre. — Imp. du Bourguignon, rue du Temple, 8.